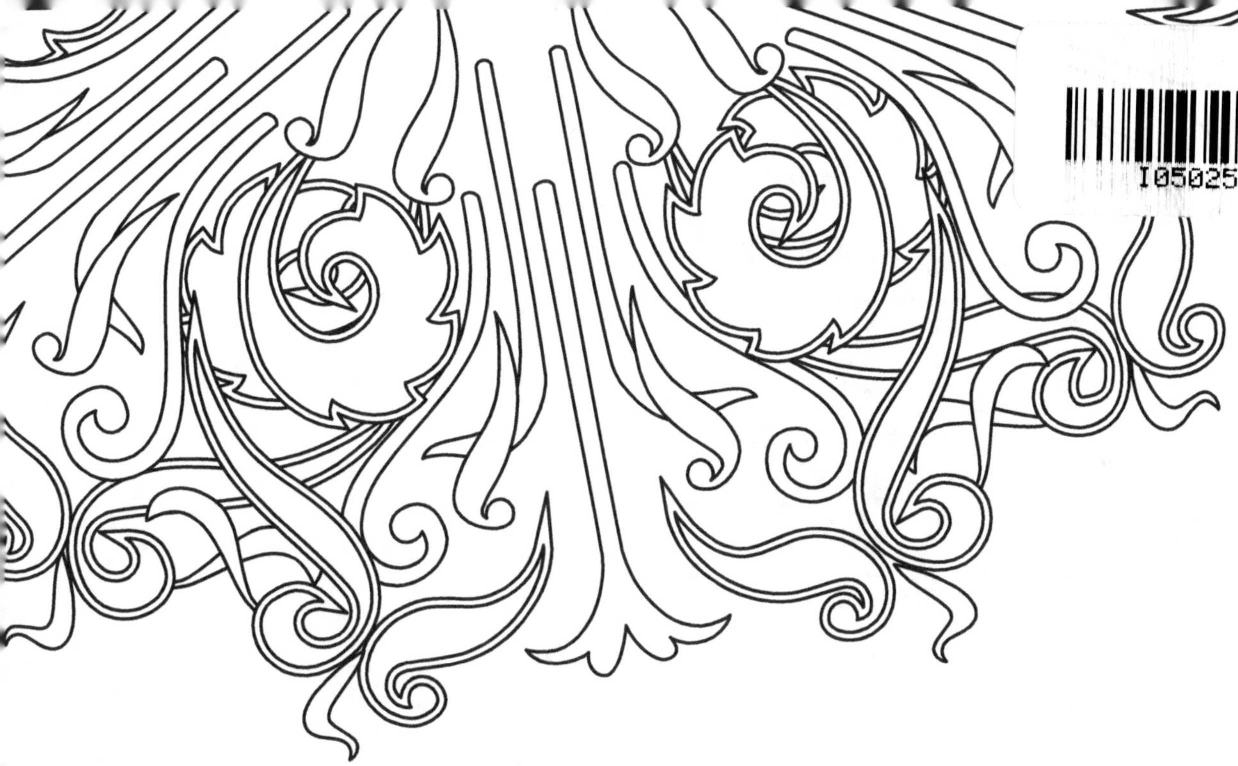

Mandala gotici e floreali

Disegni antistress da colorare per adulti

Abbie Faith

ISBN: 1542640725
ISBN-13: 978-1542640725

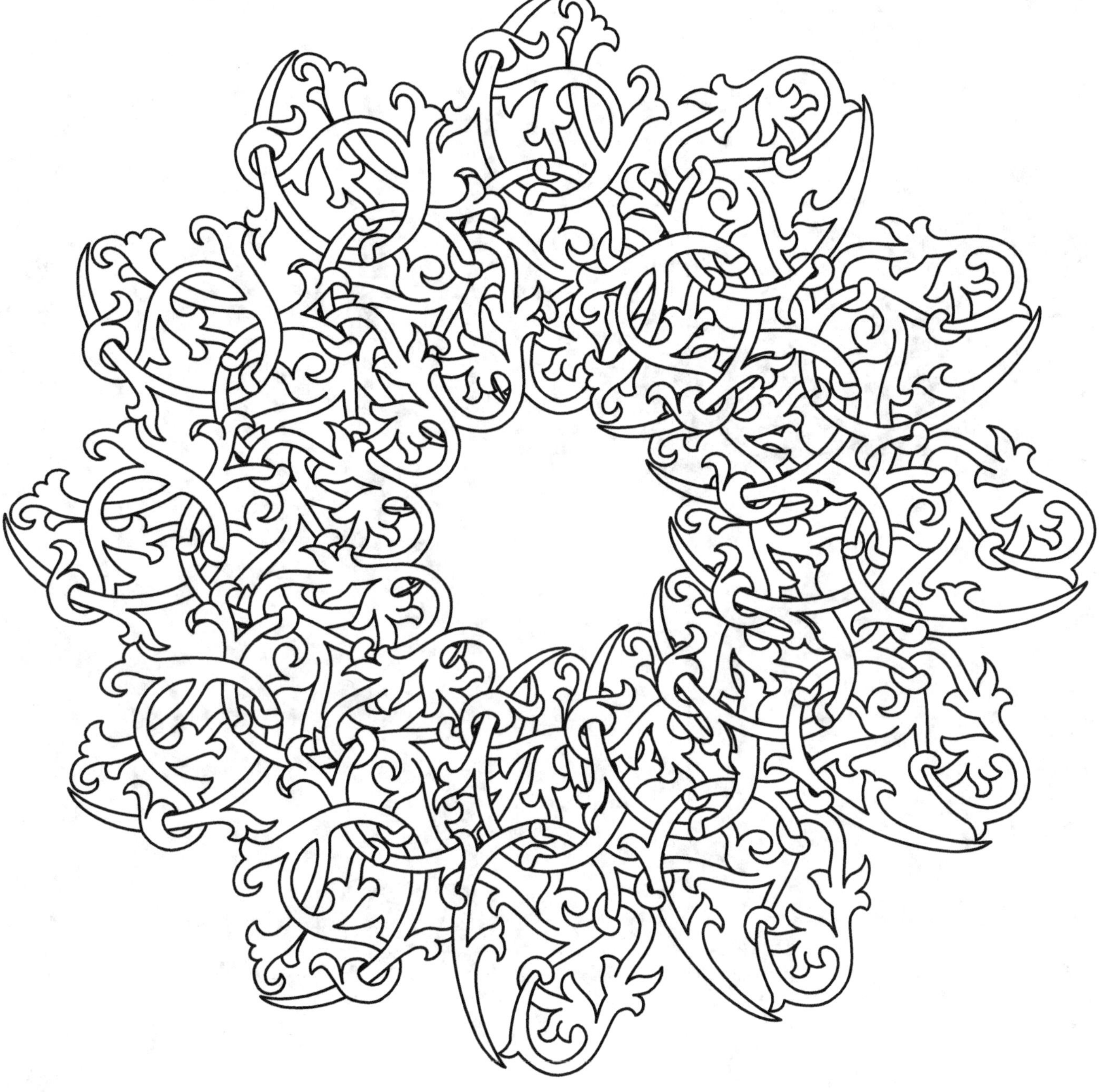

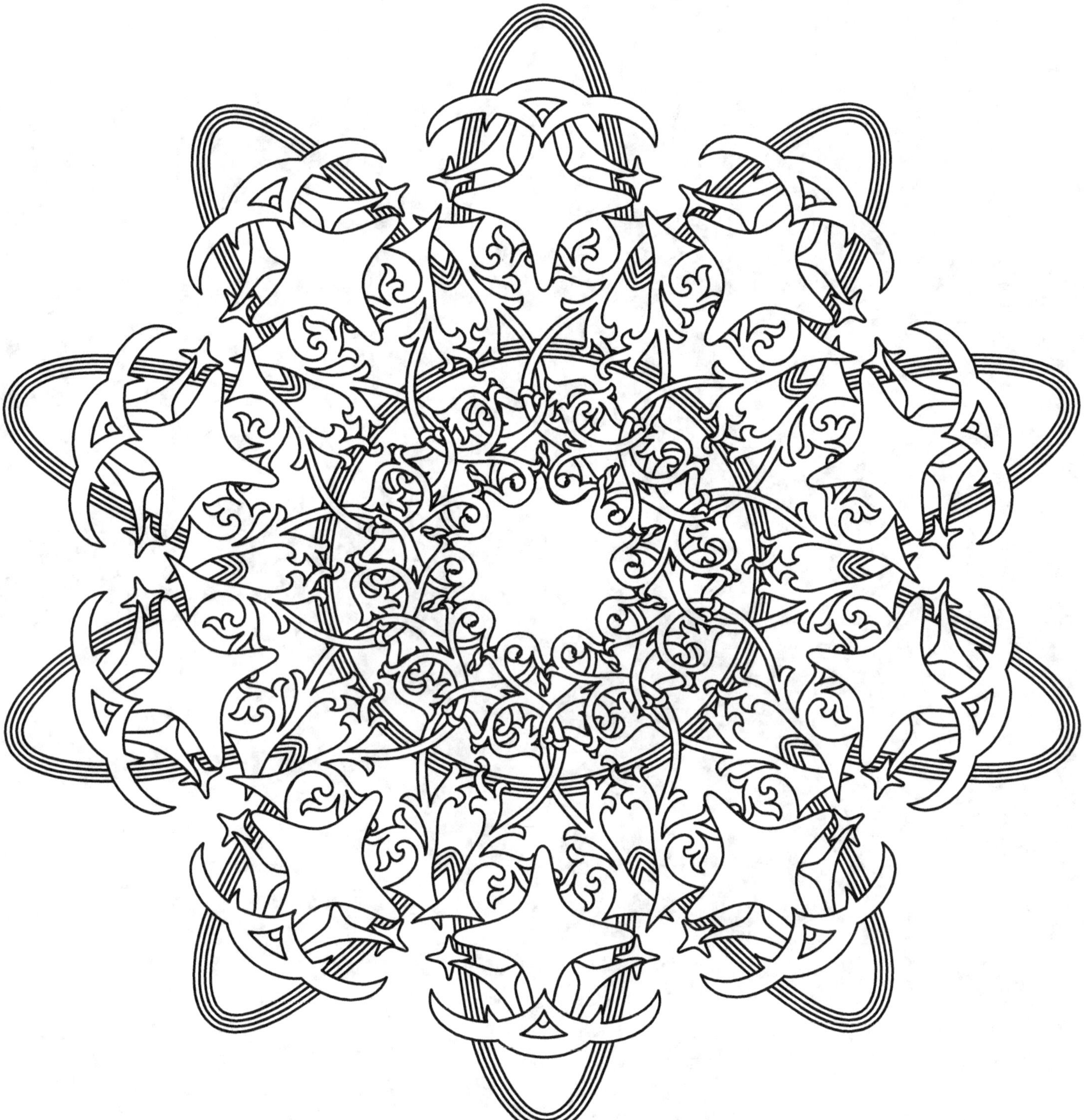

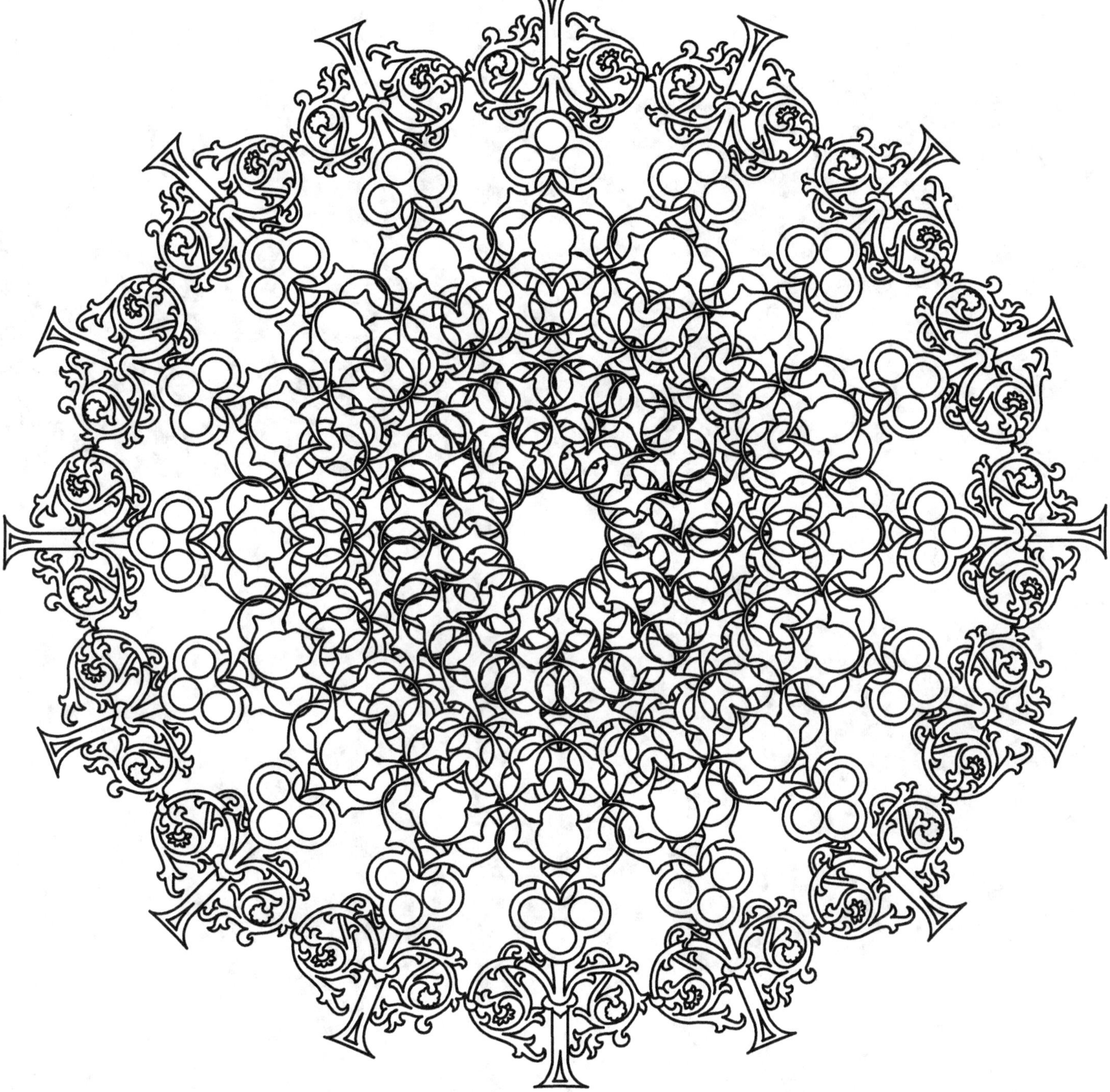

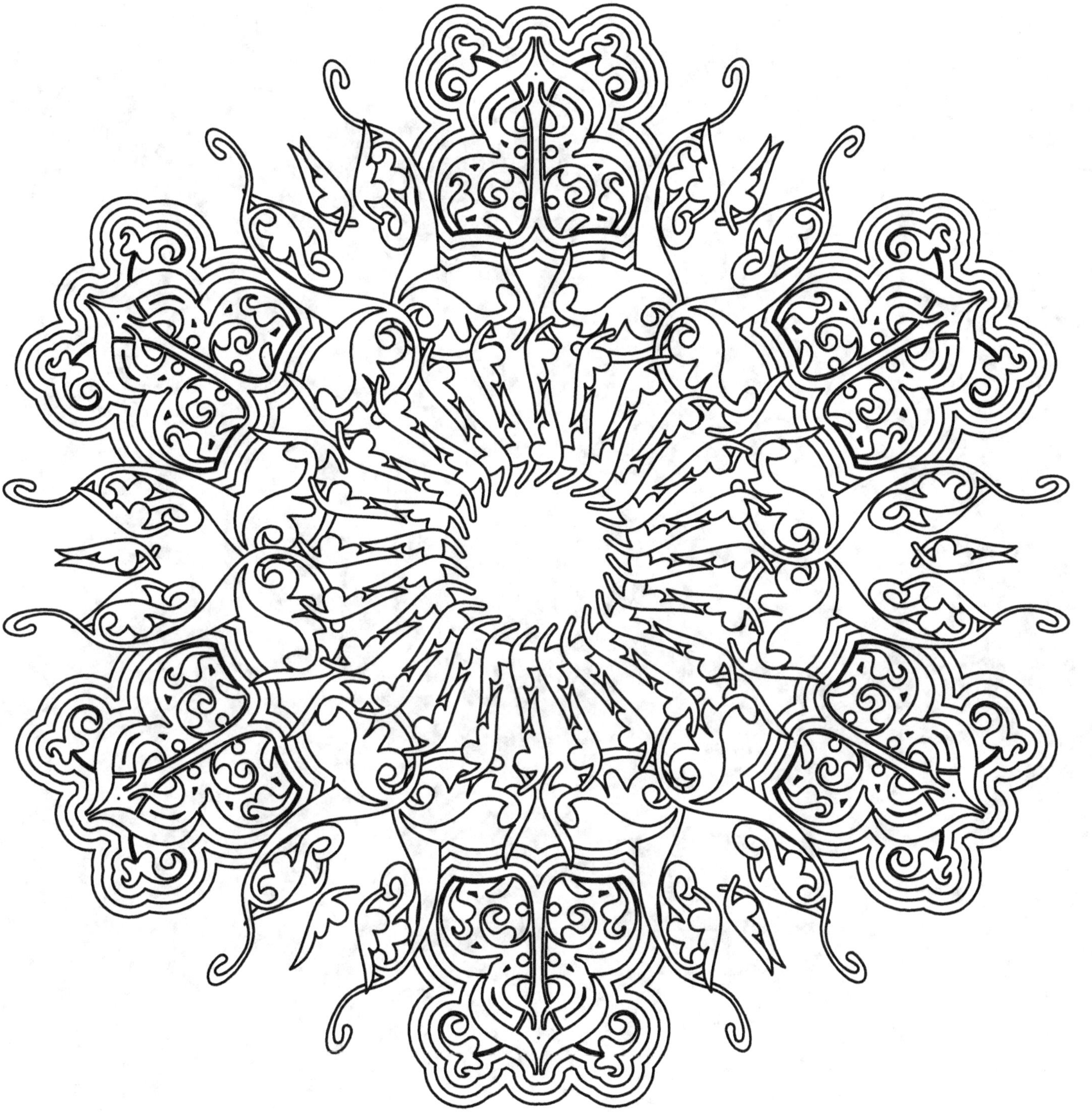

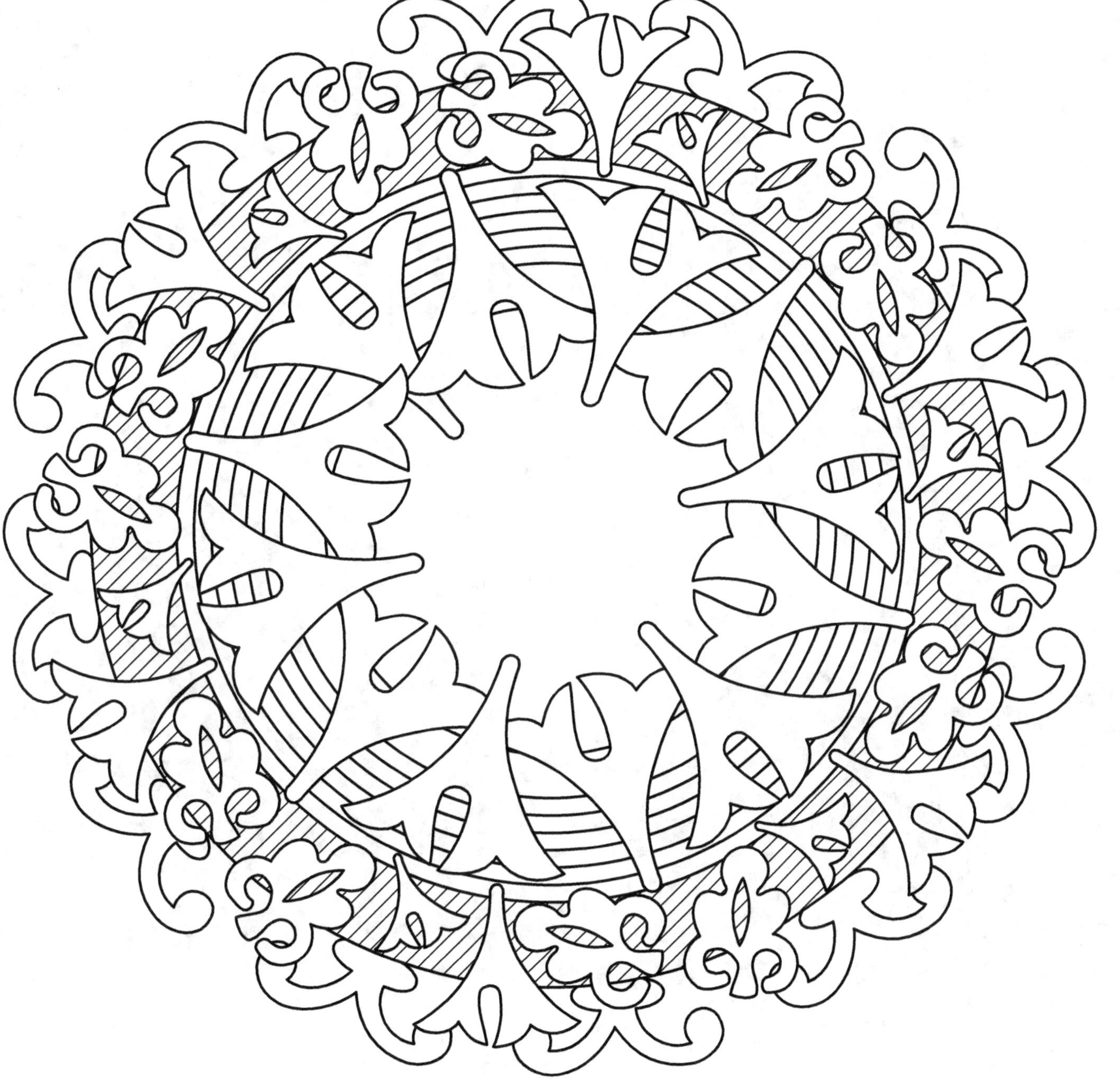

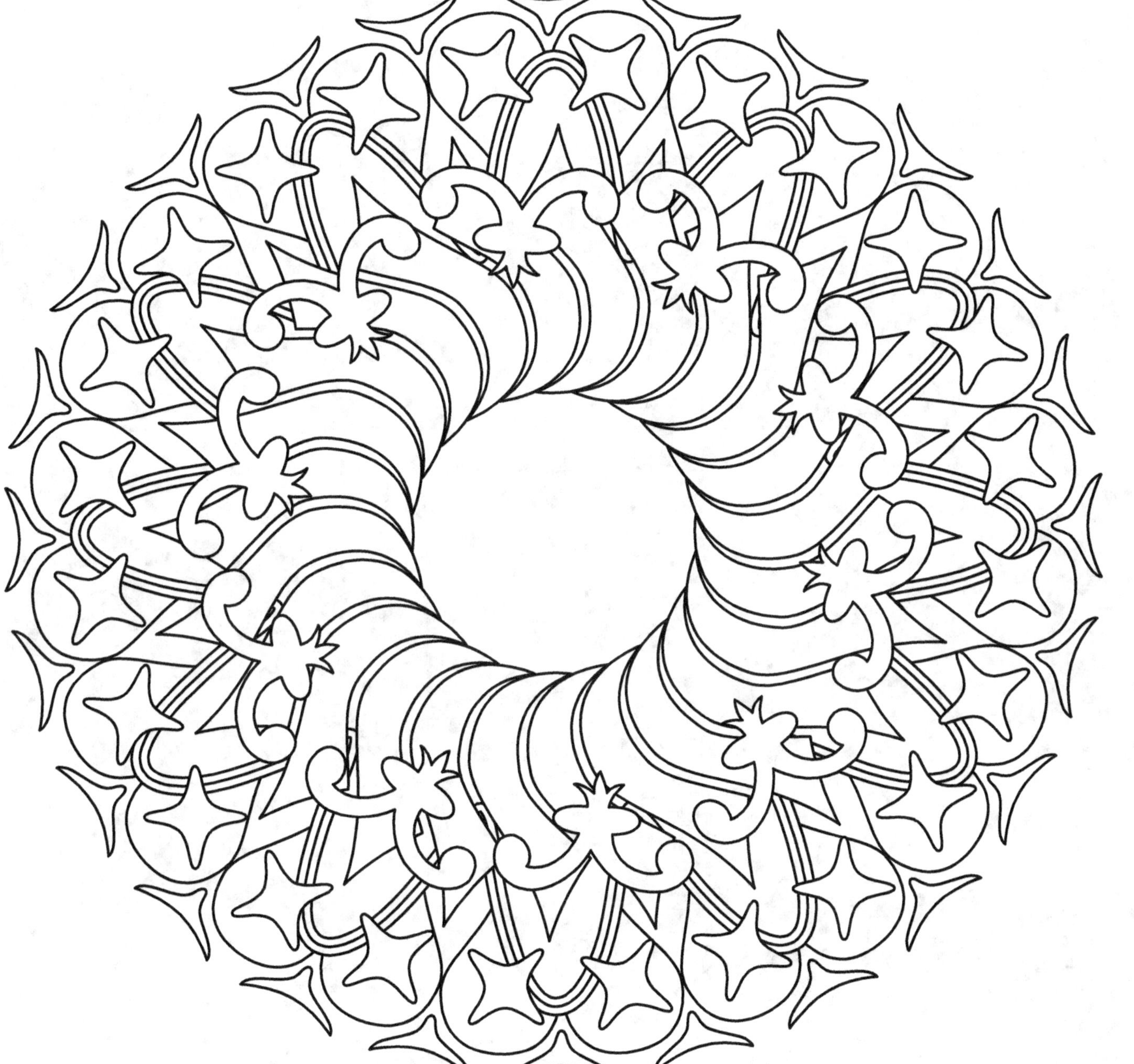

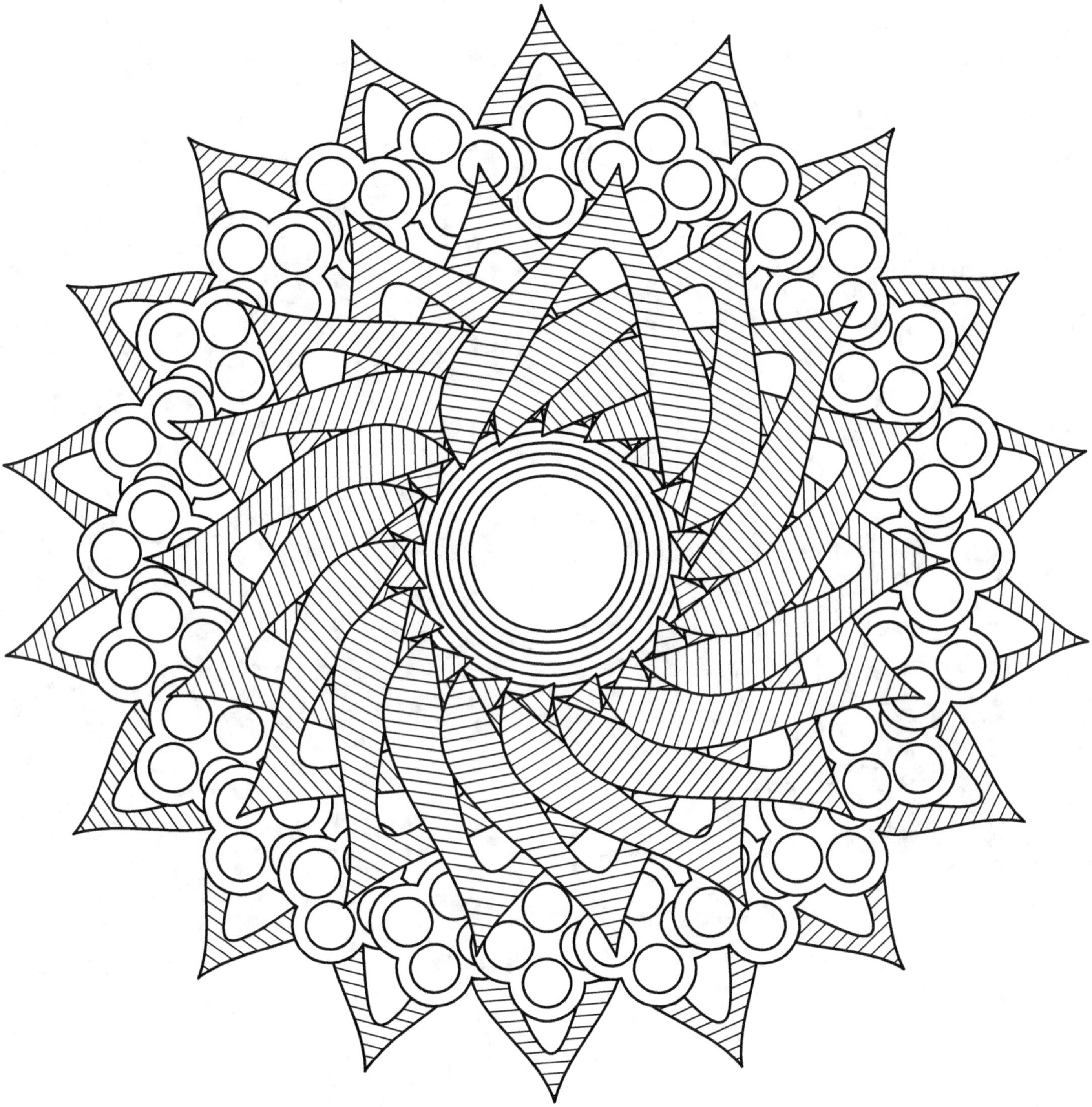

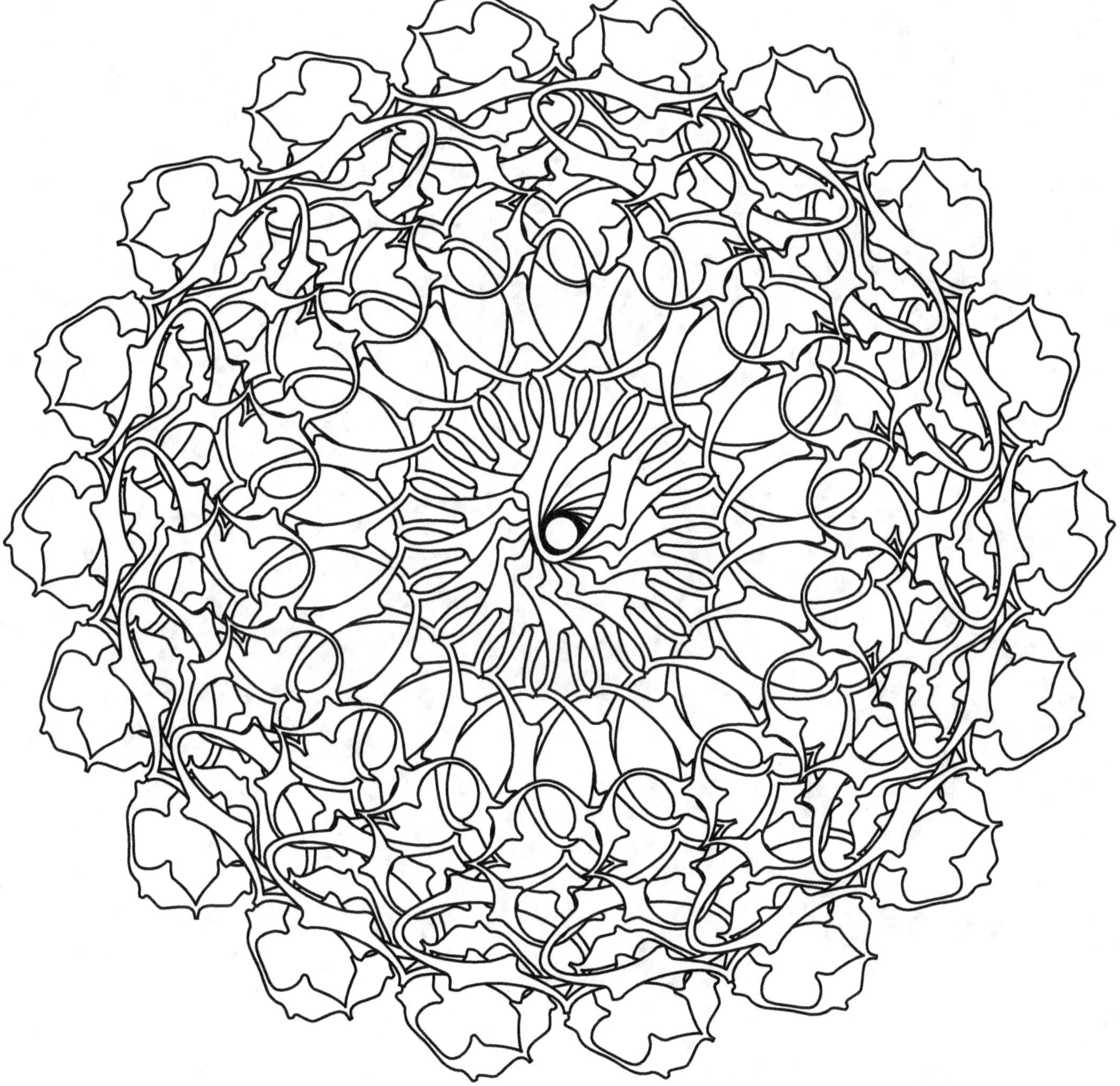

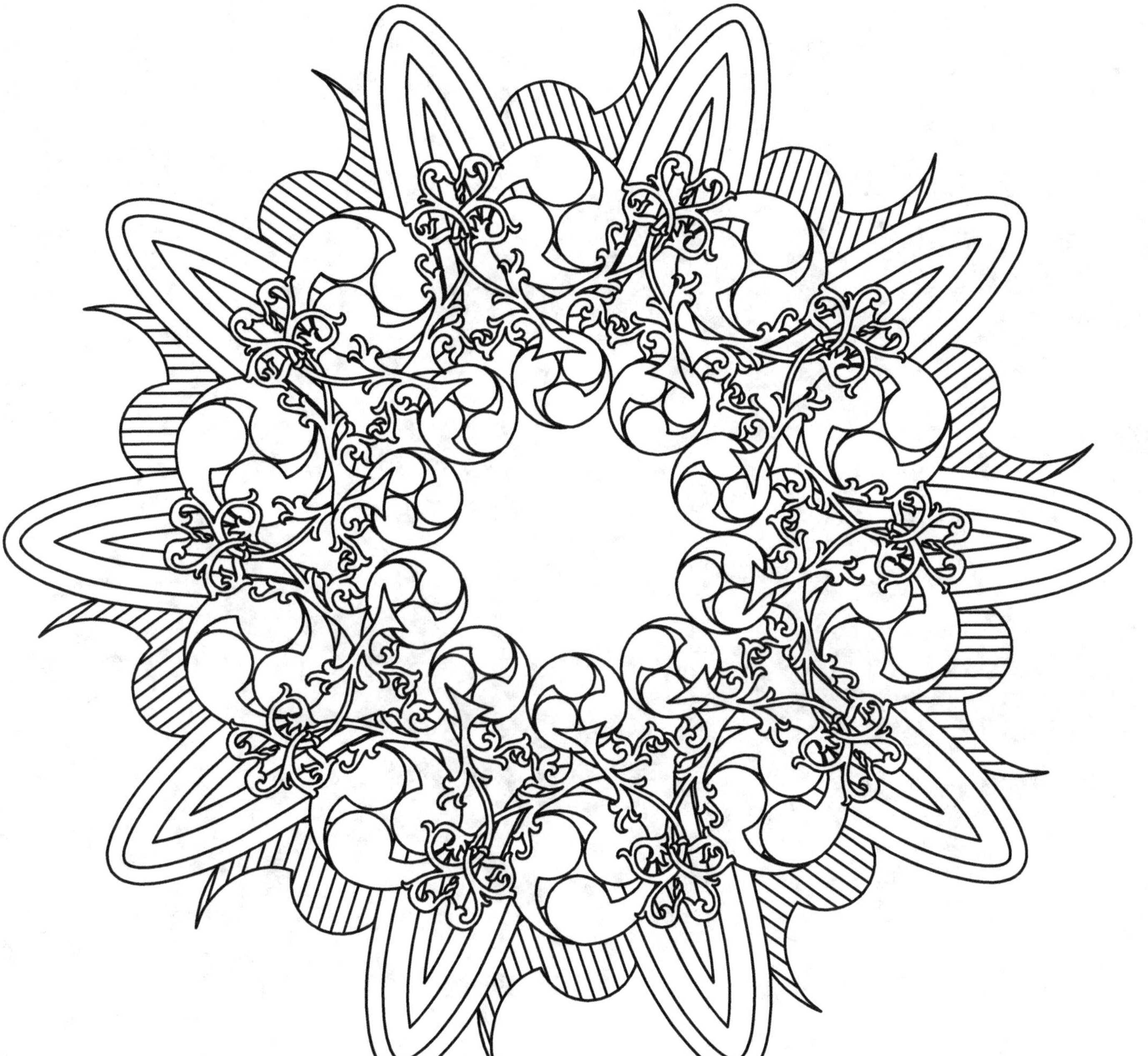

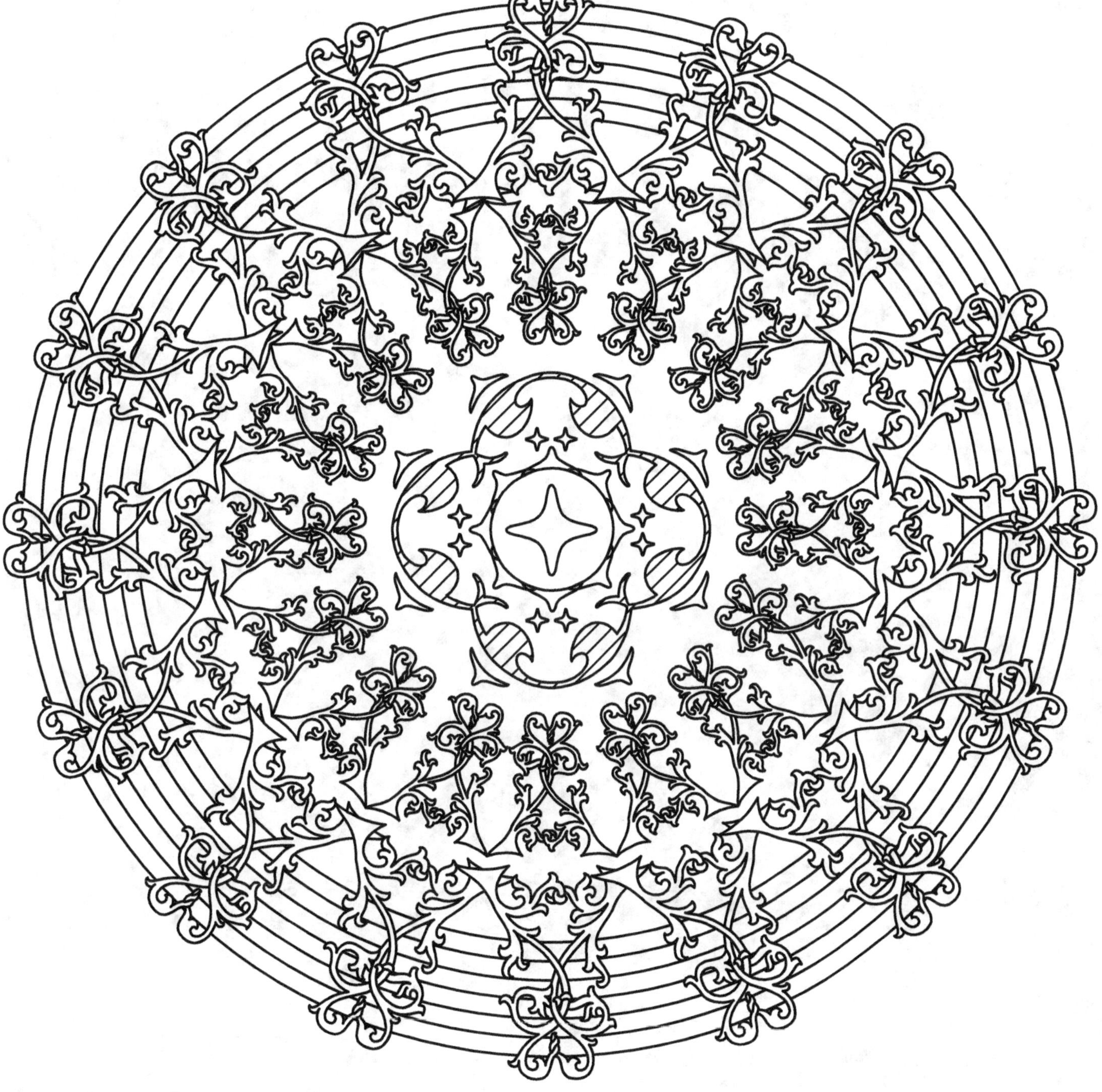

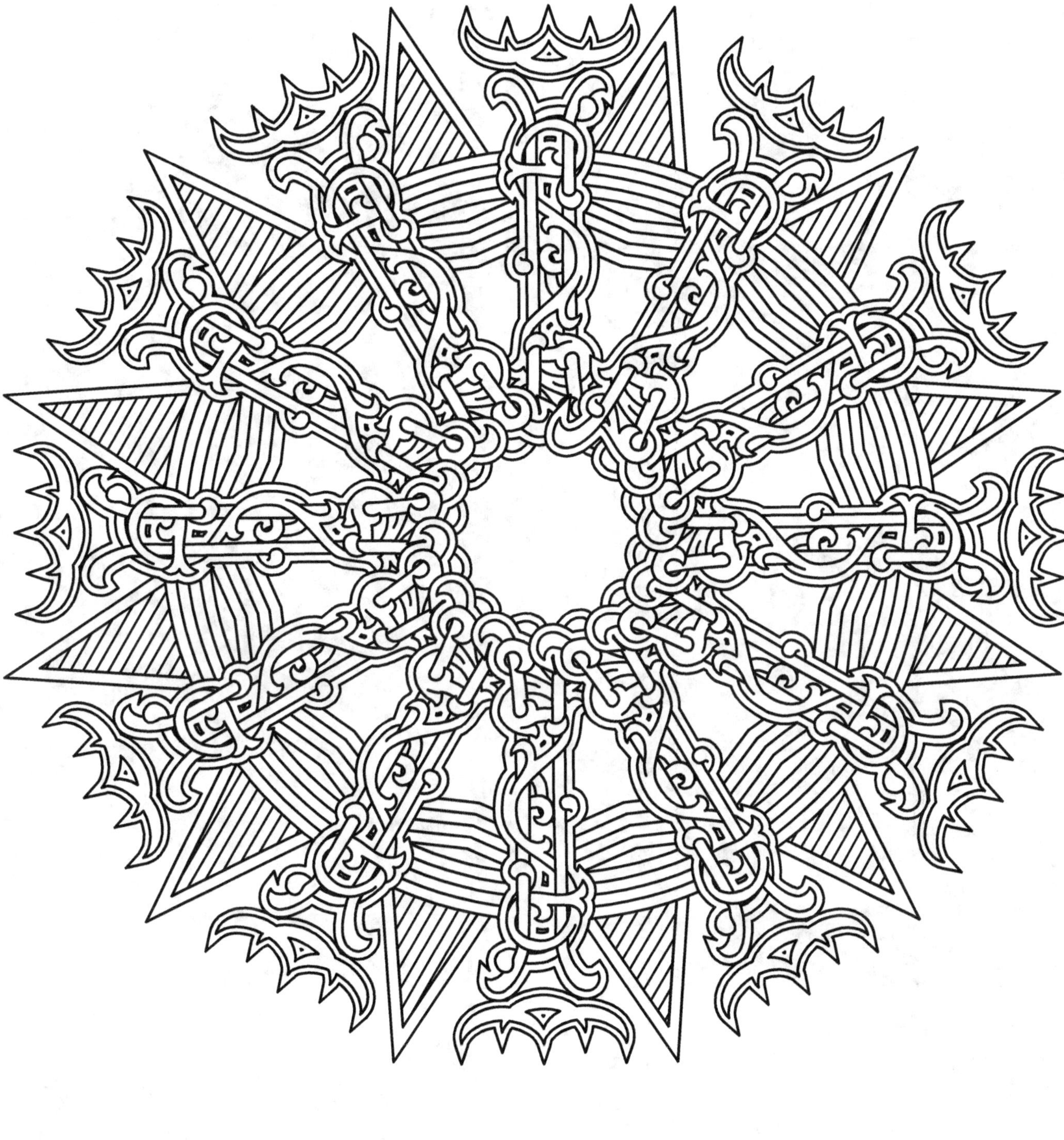

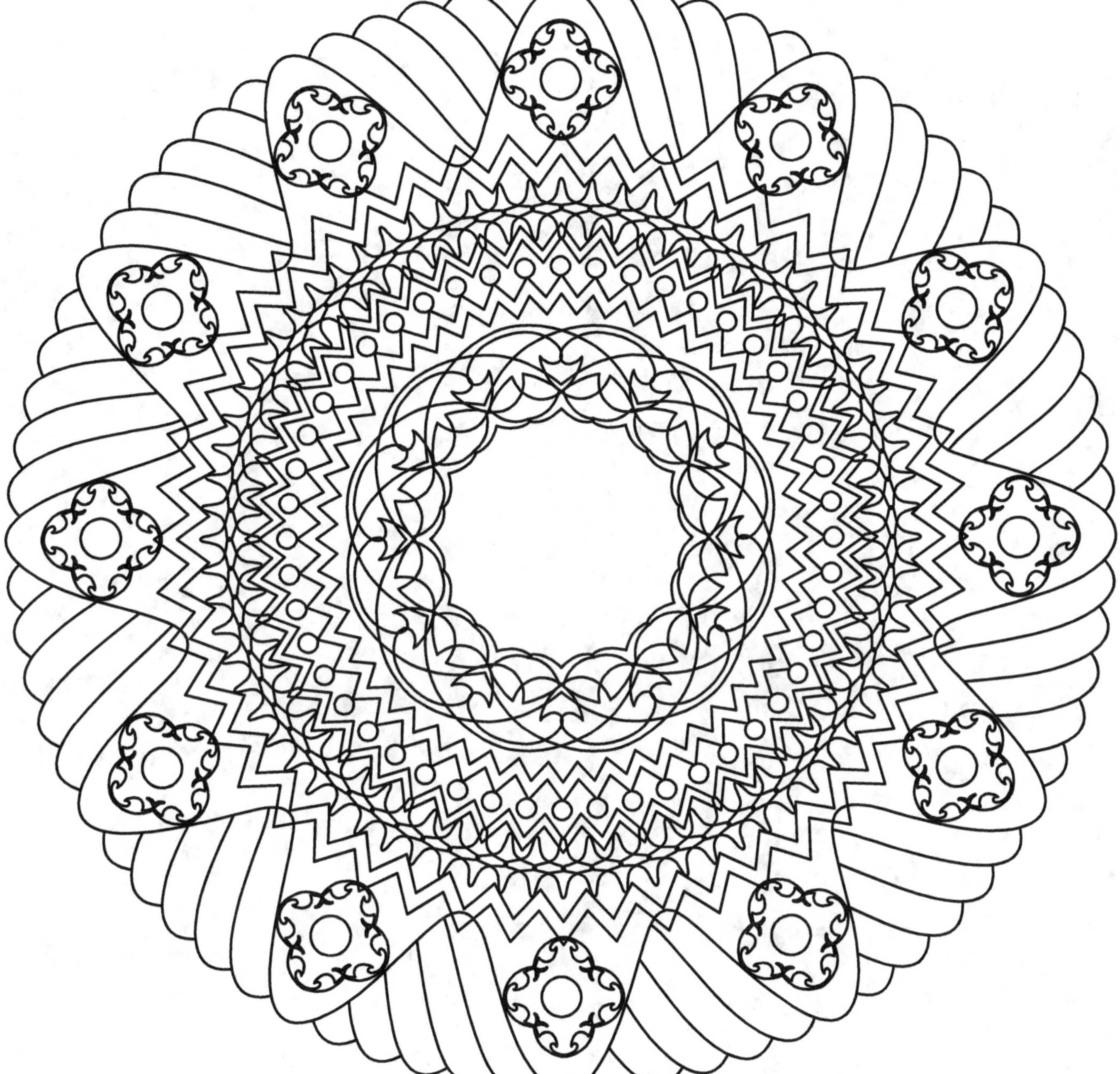

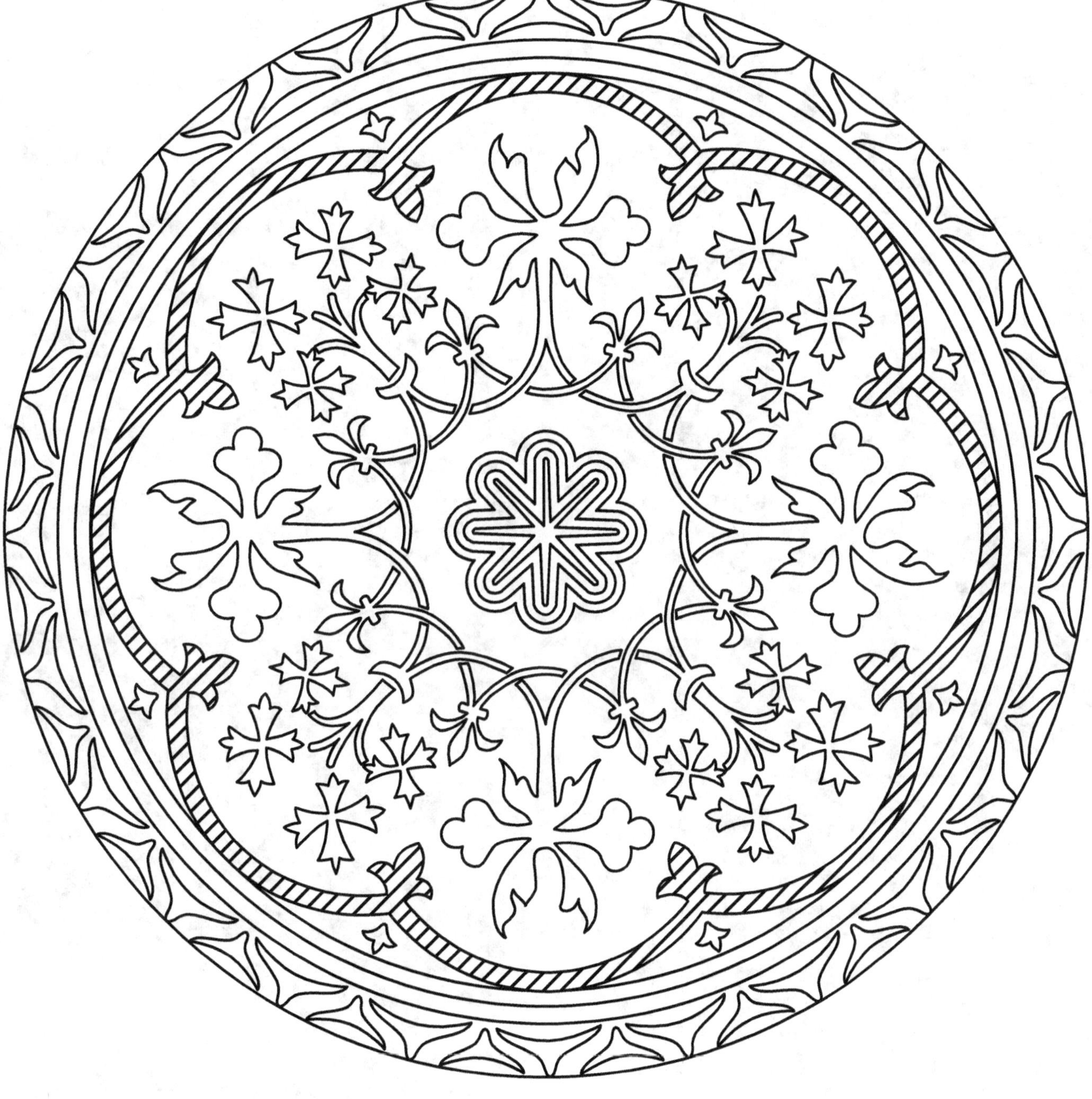

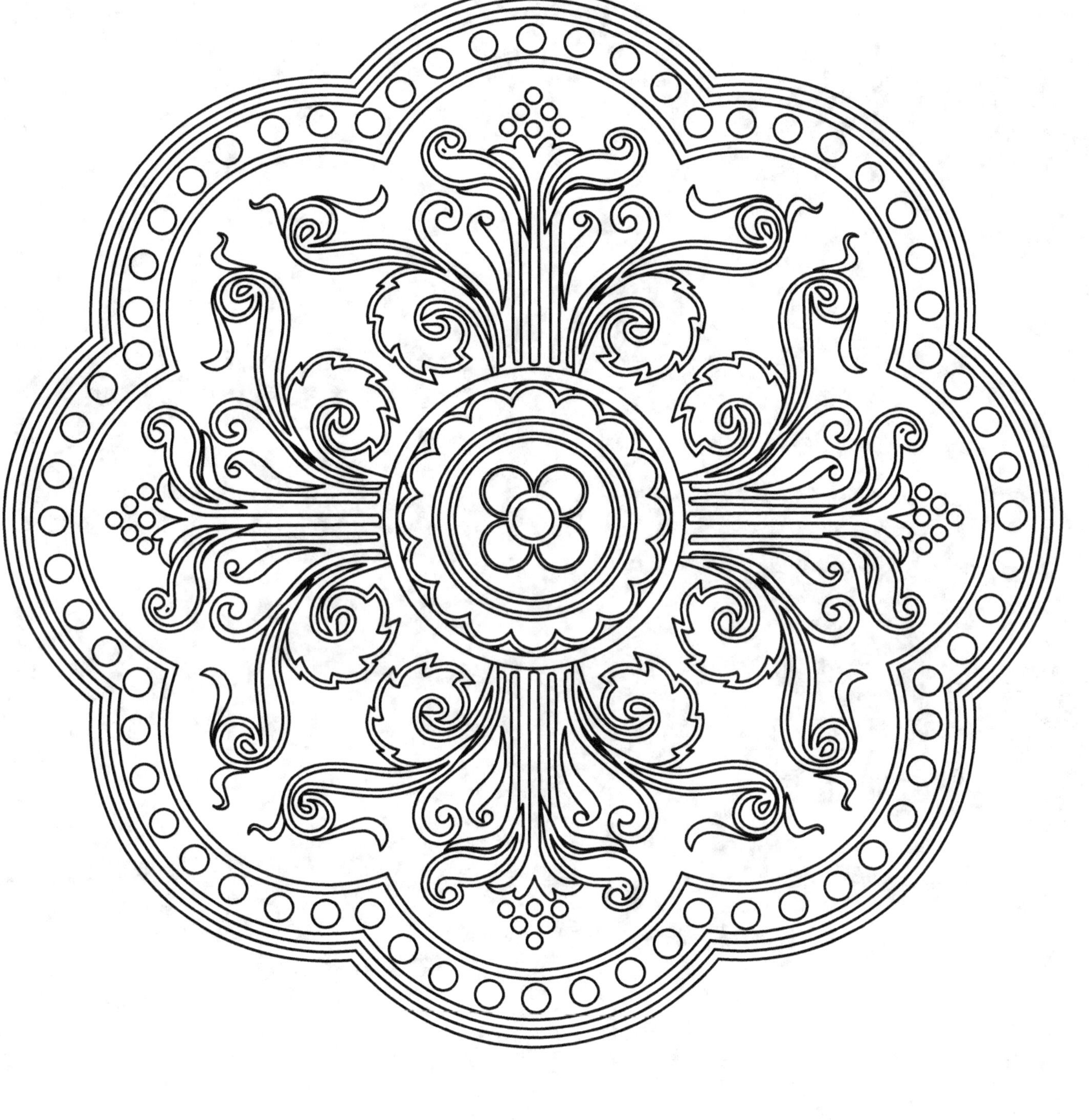

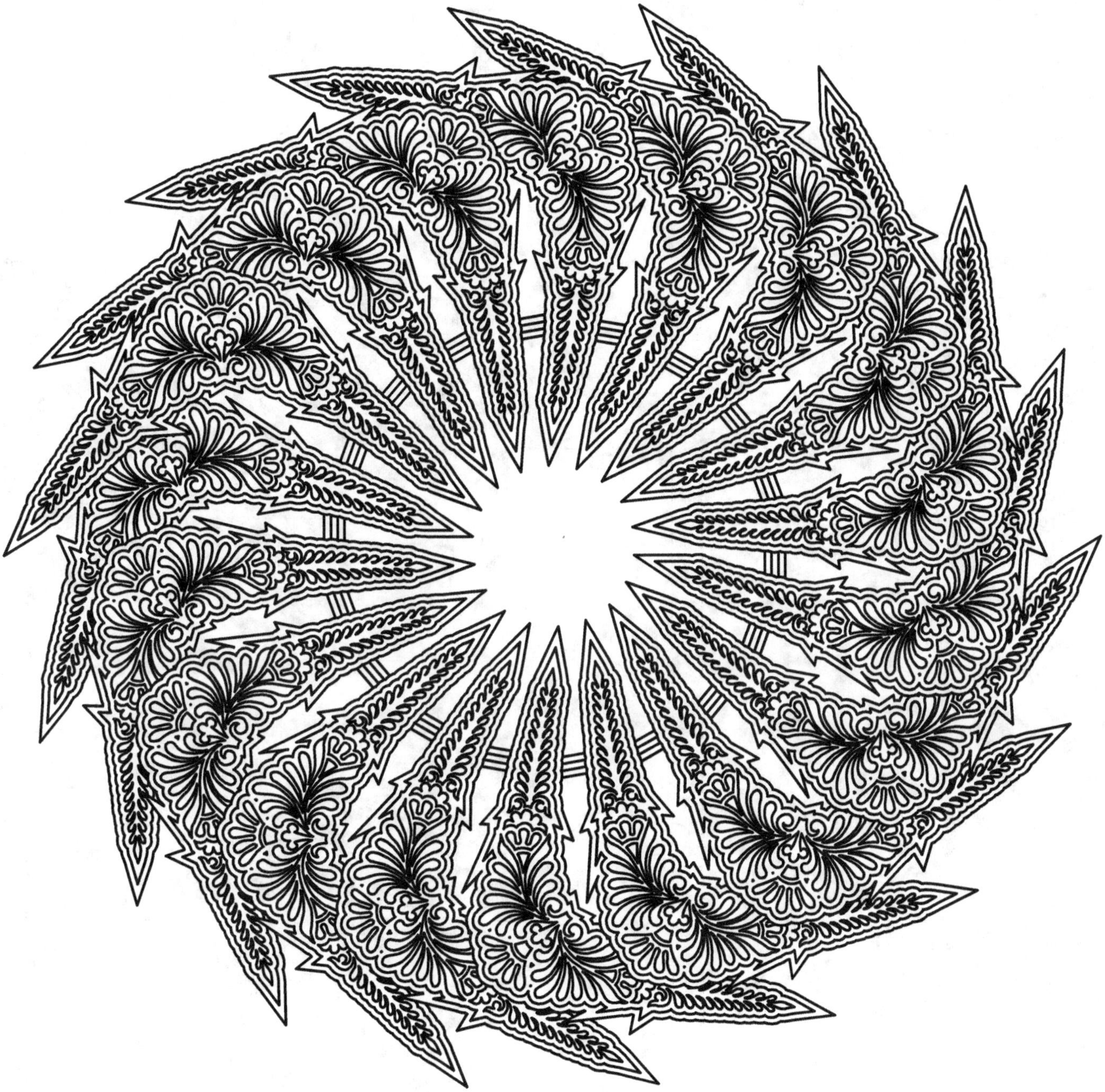

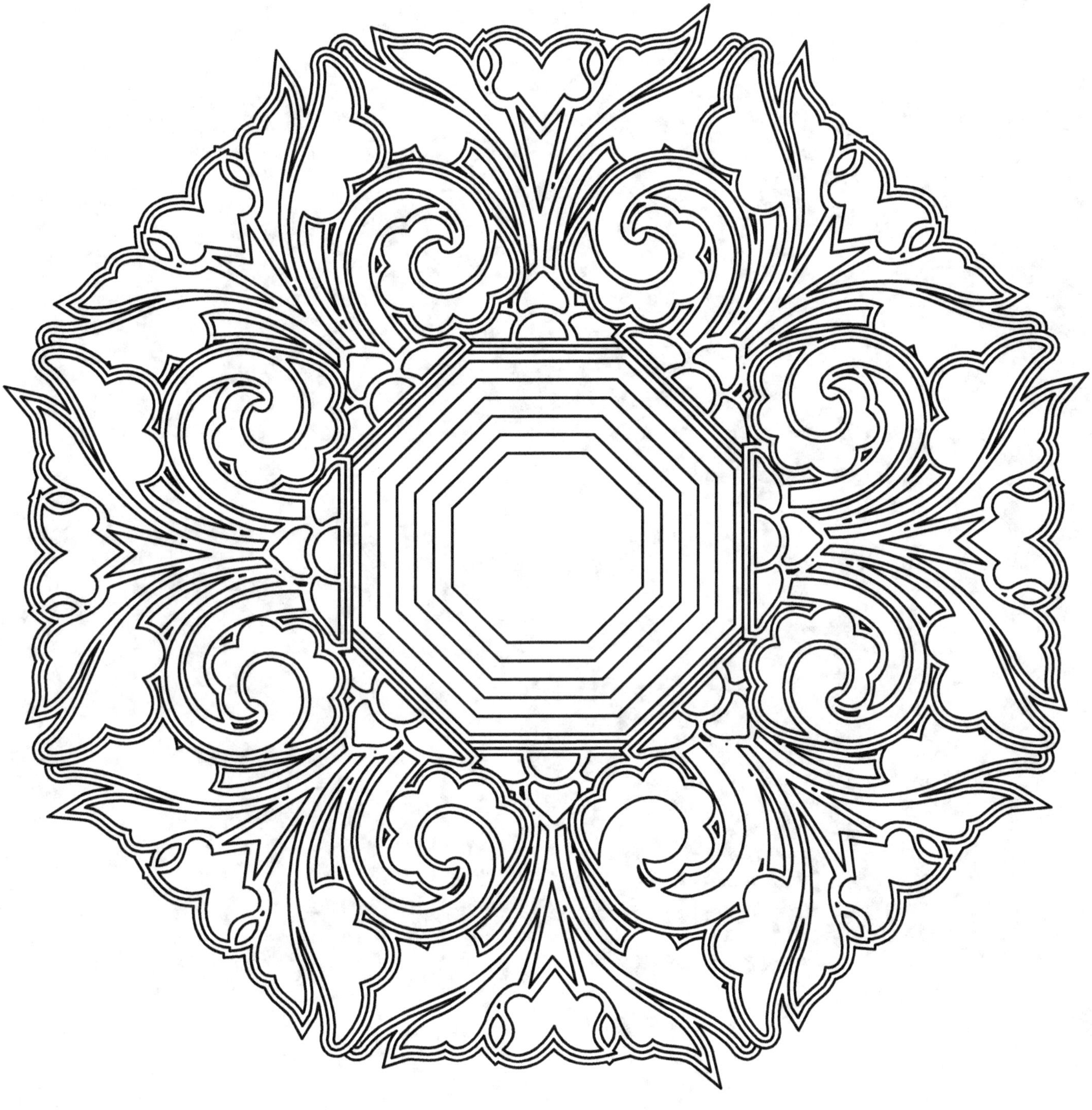

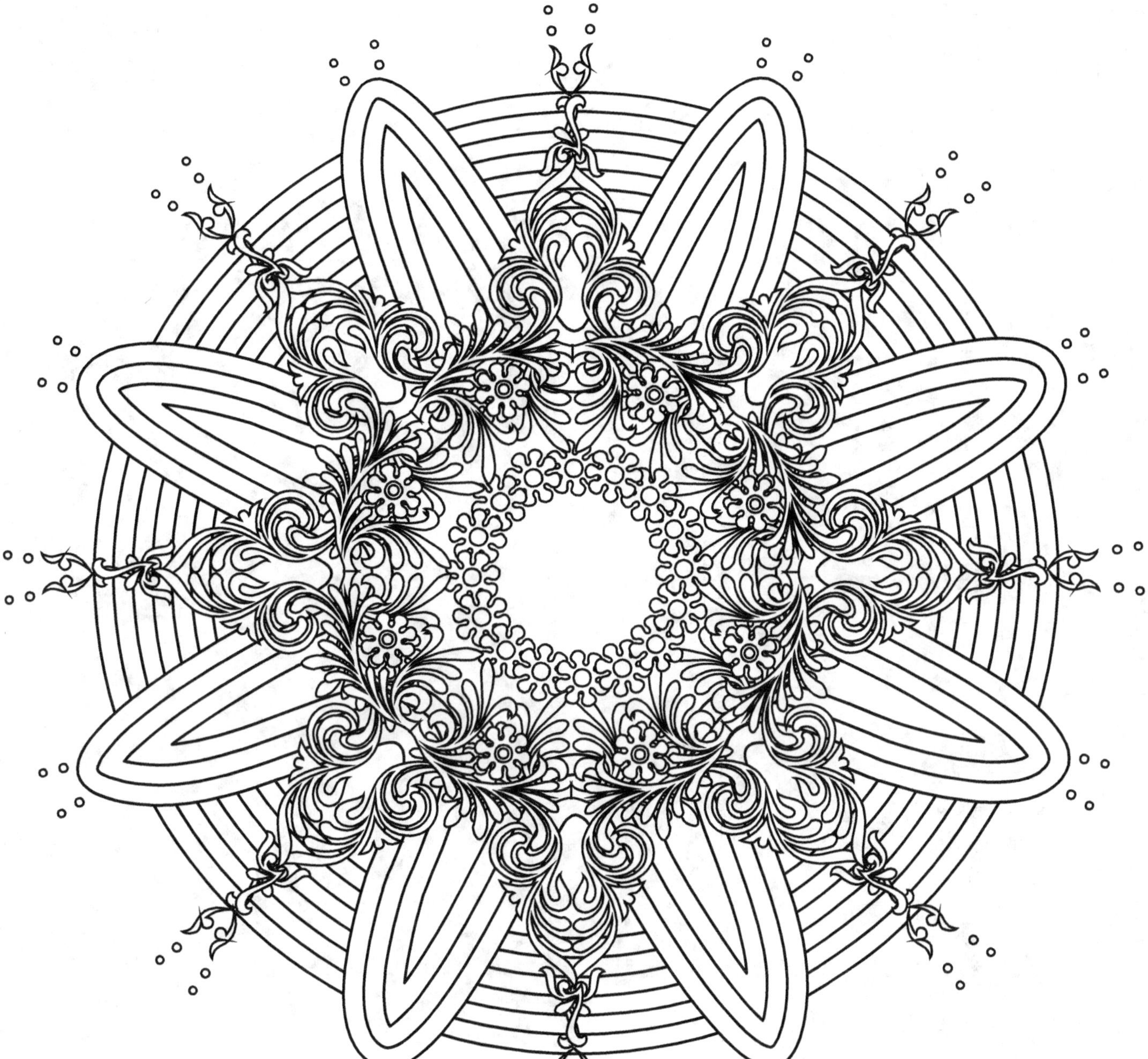

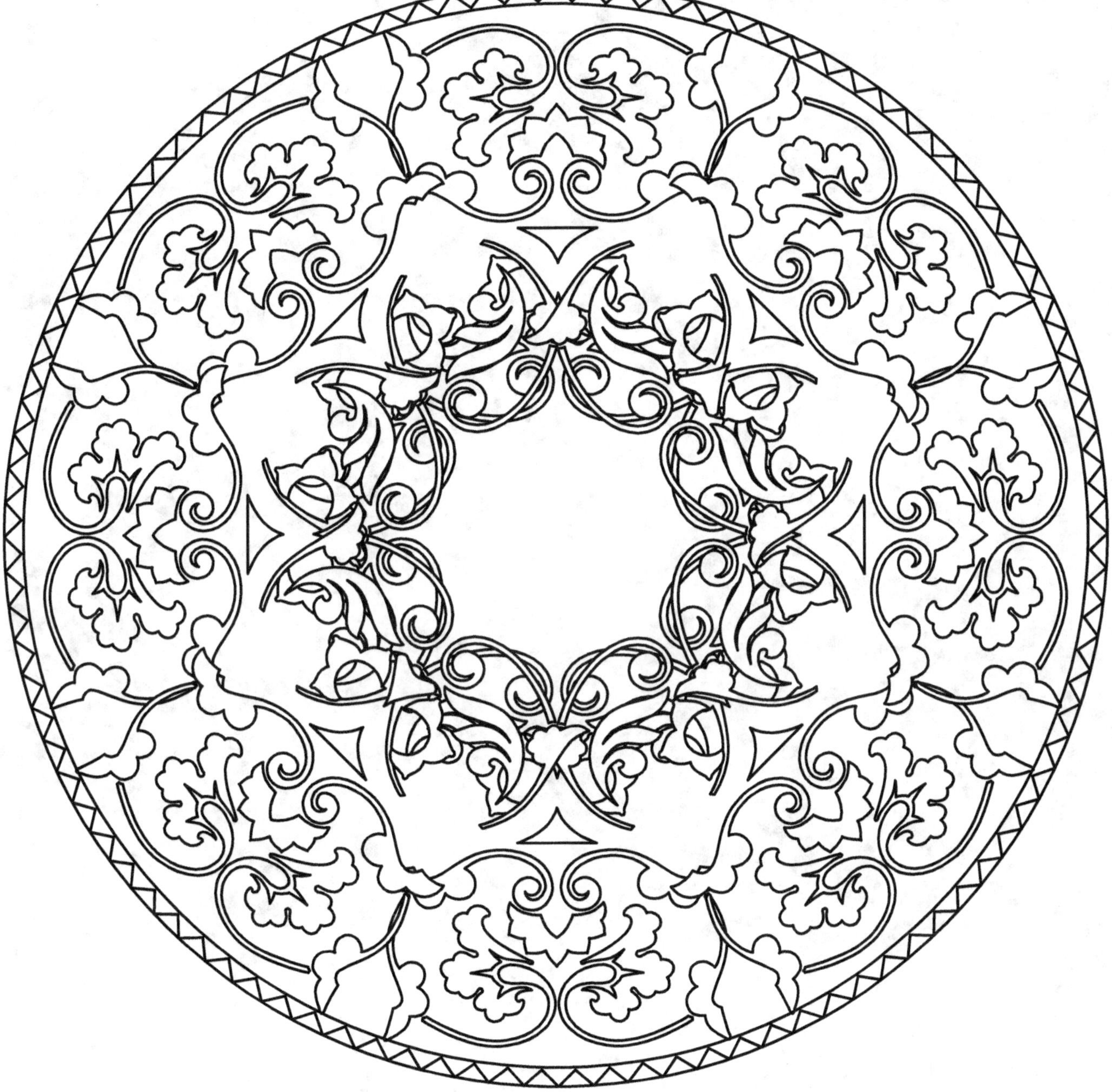

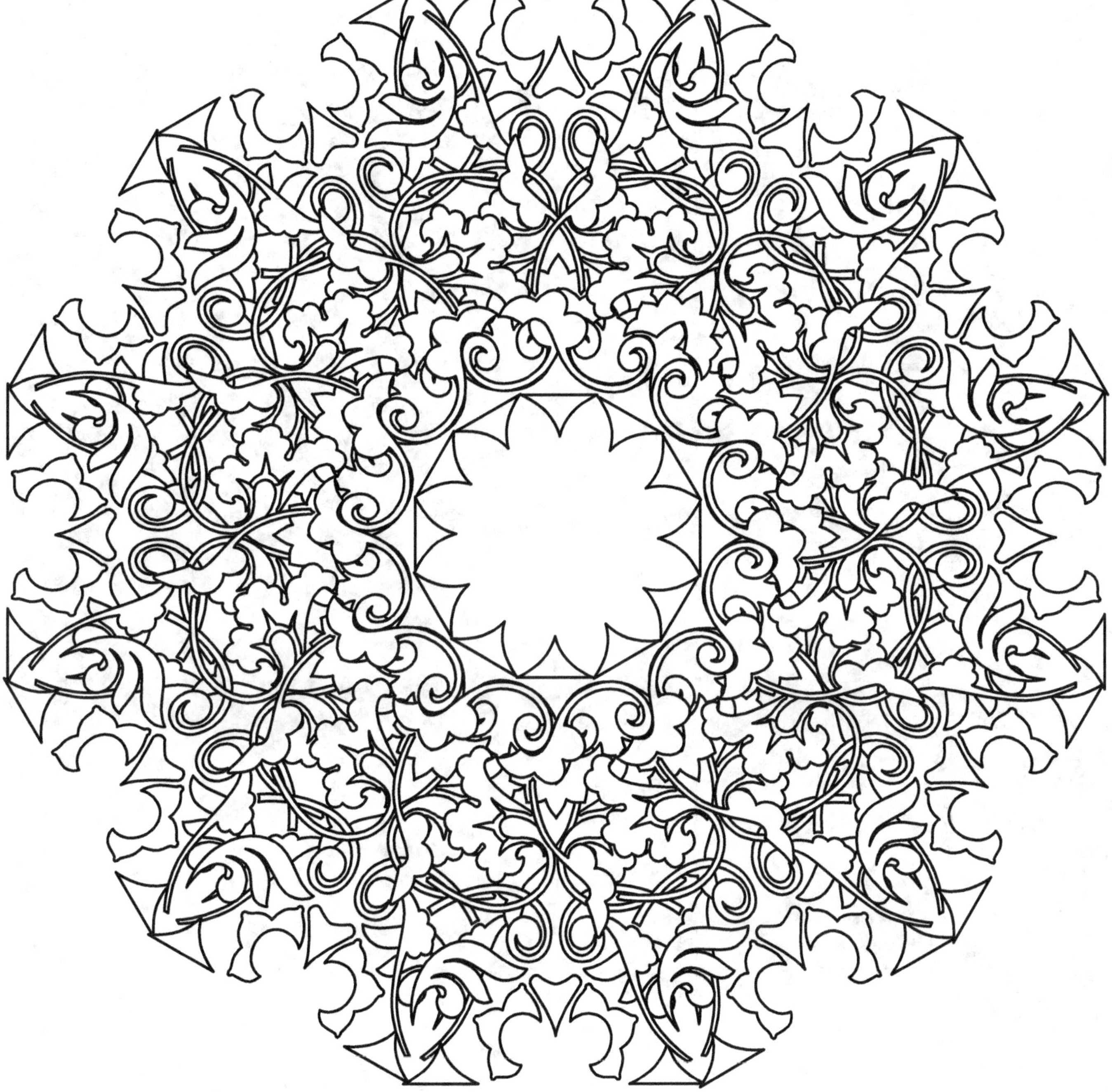

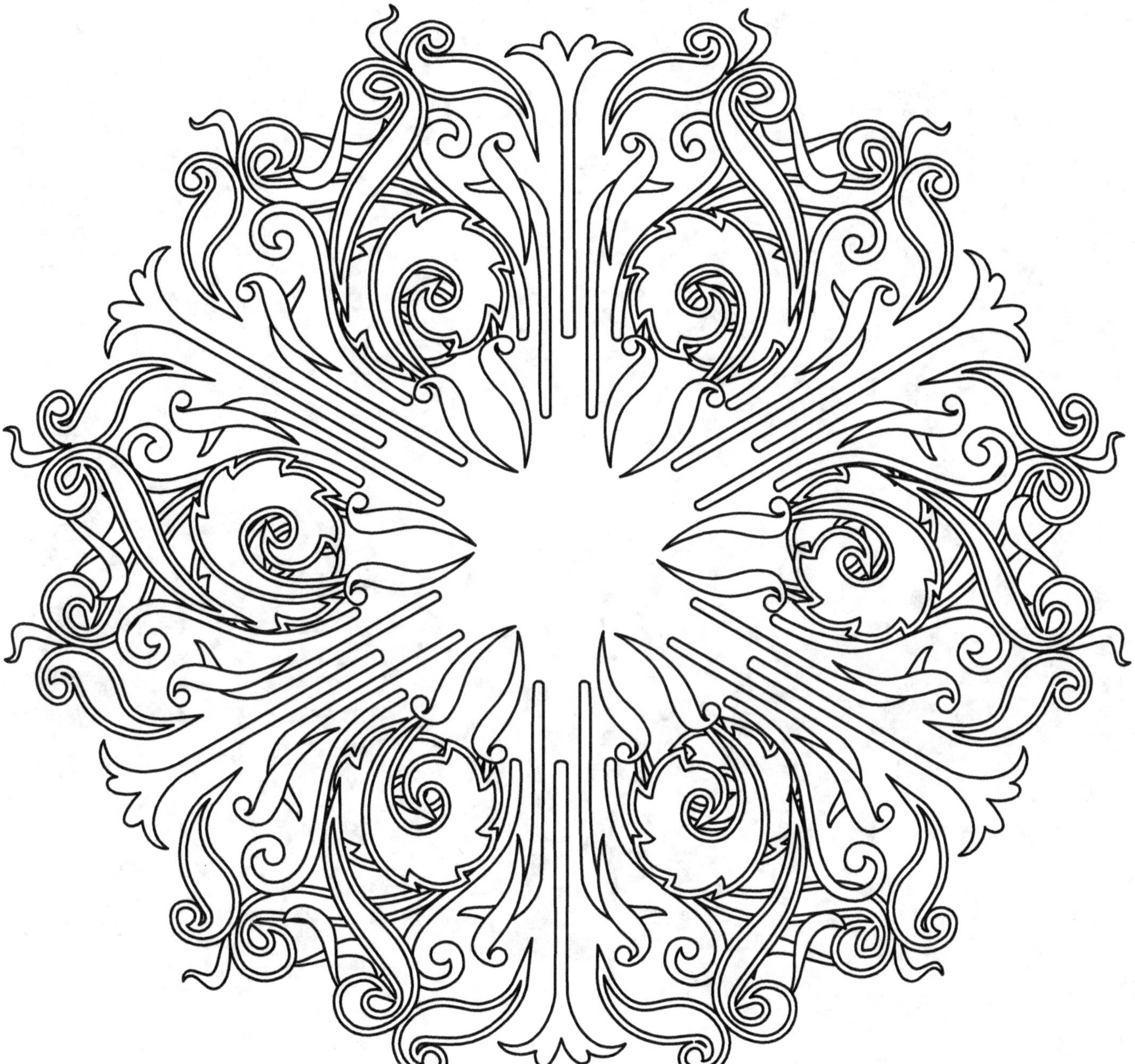

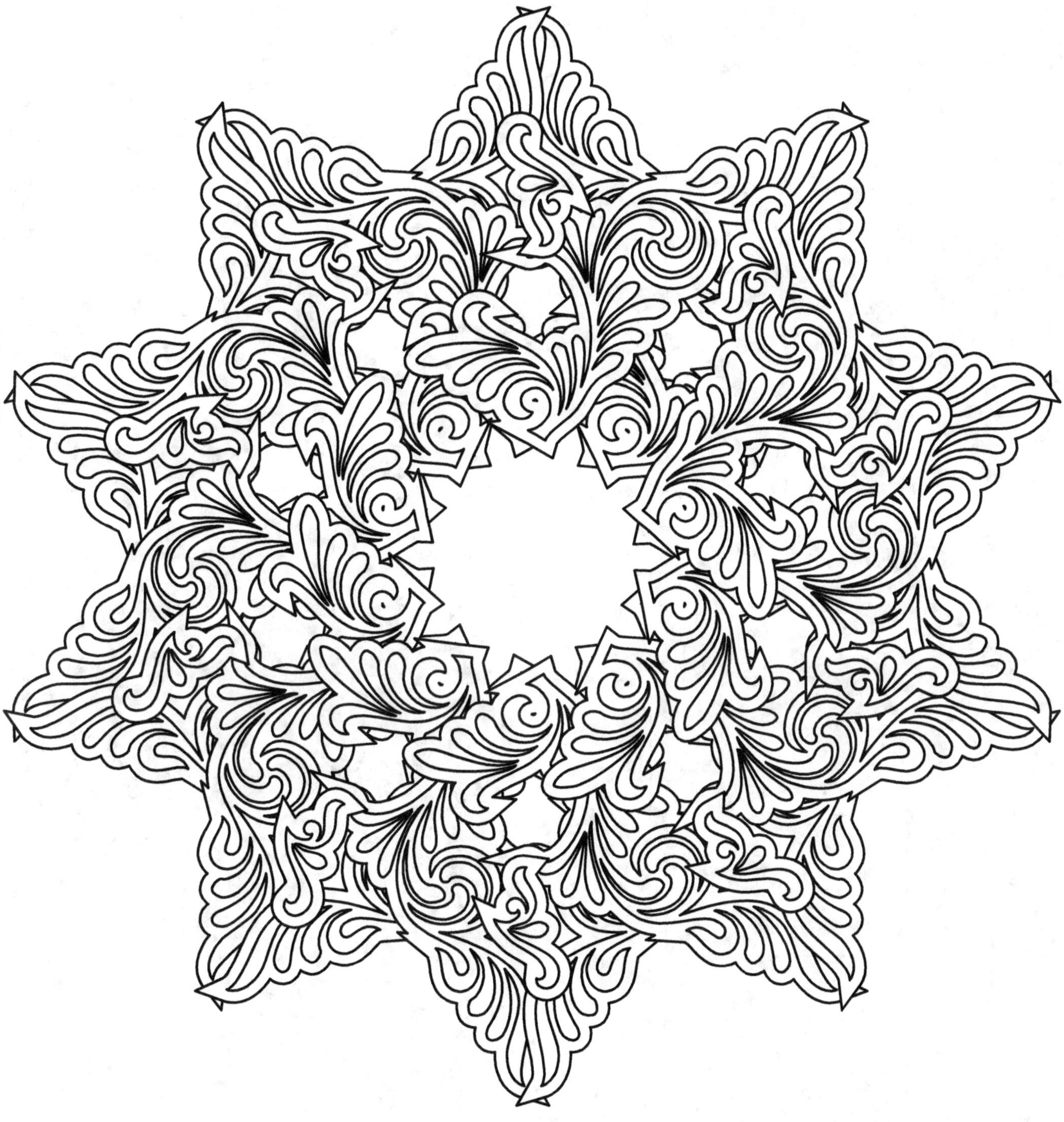

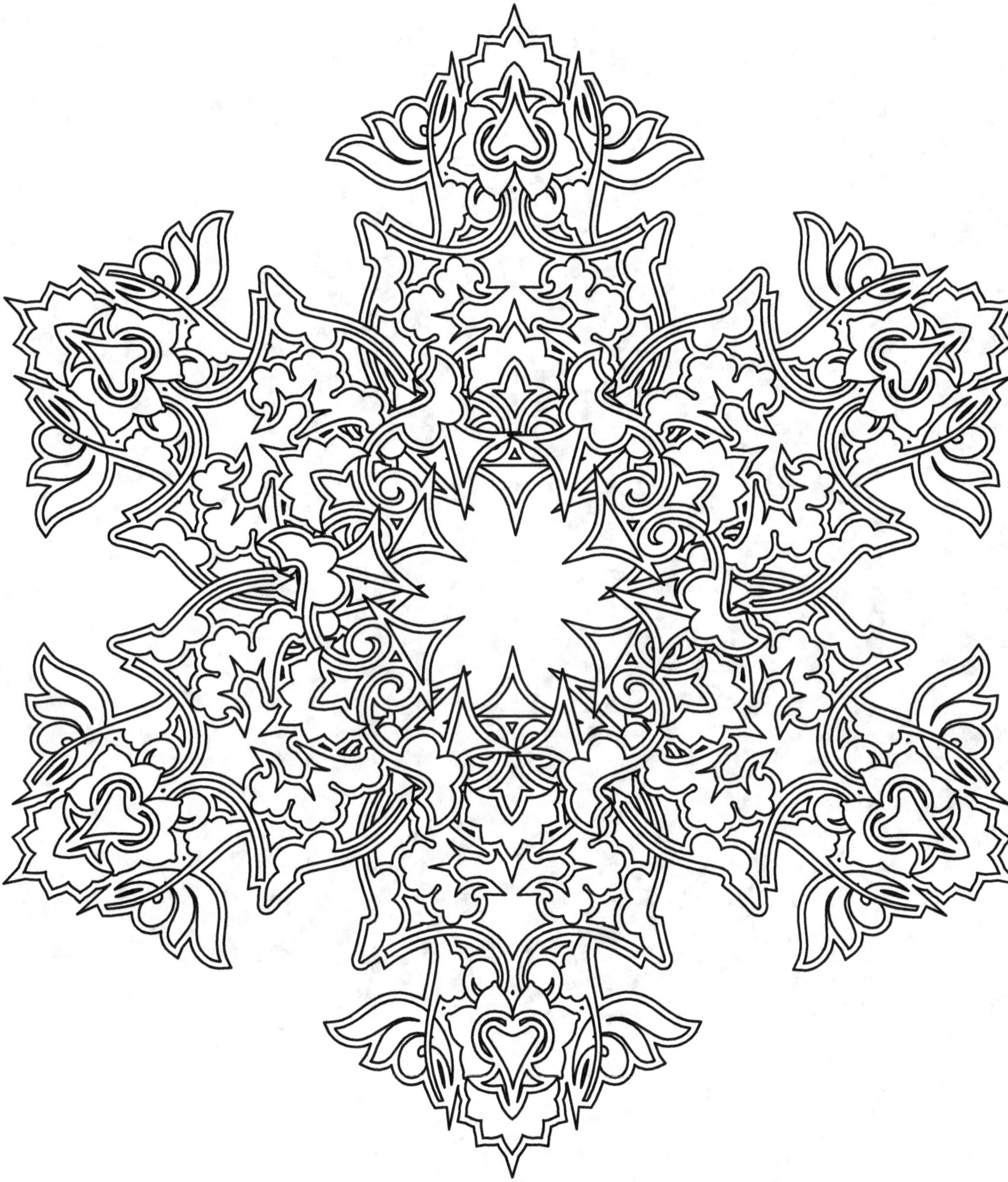

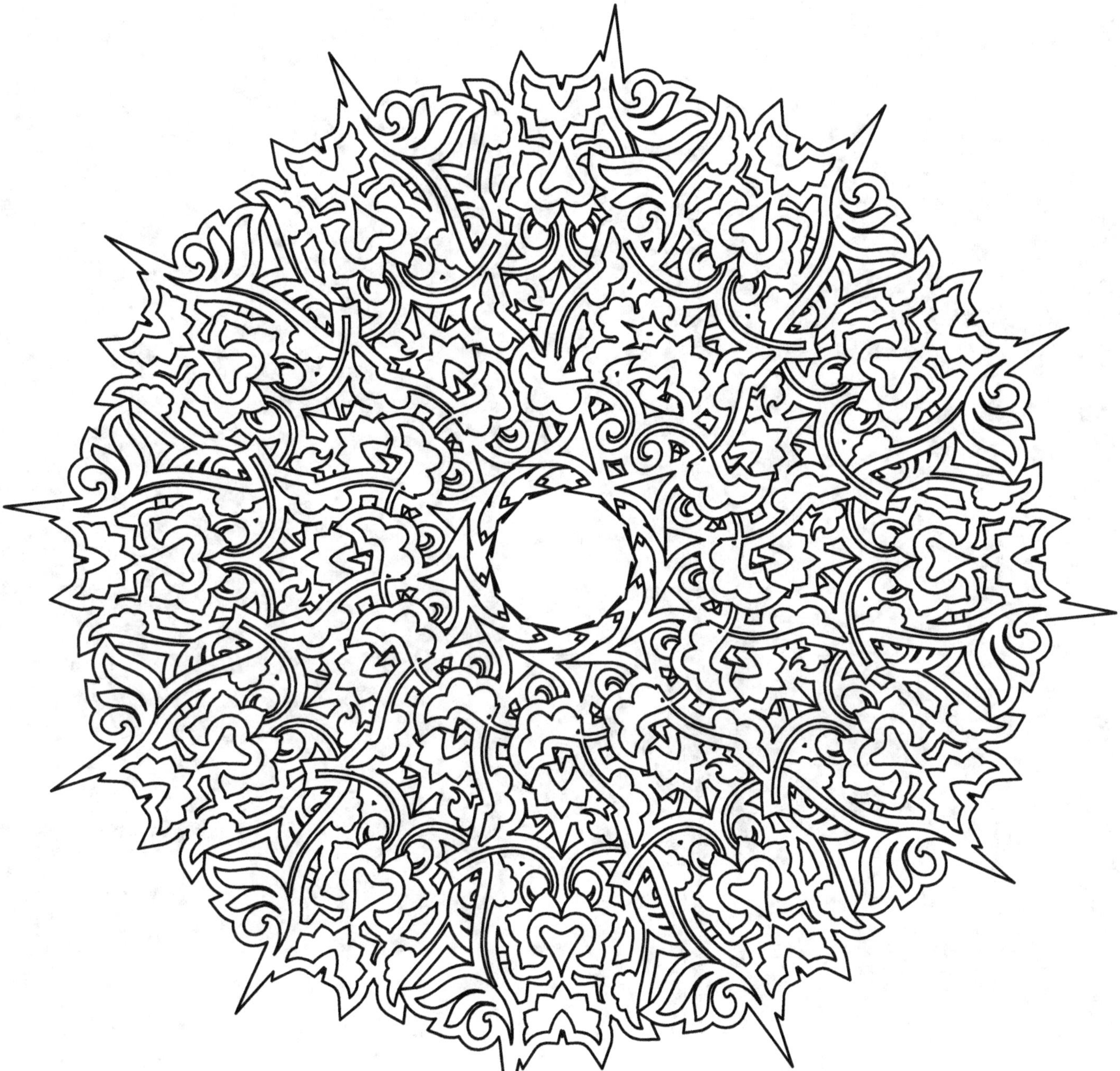

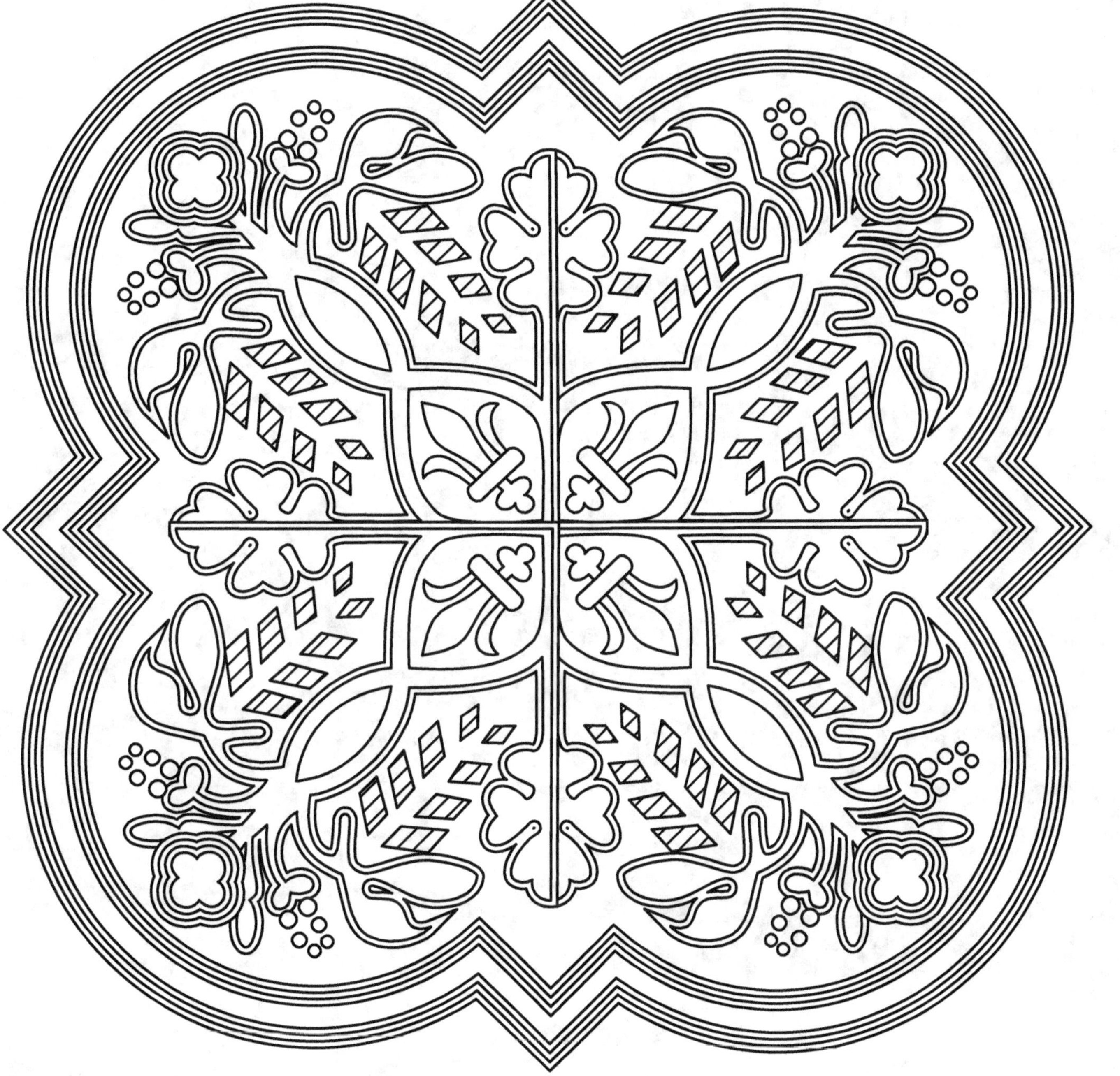

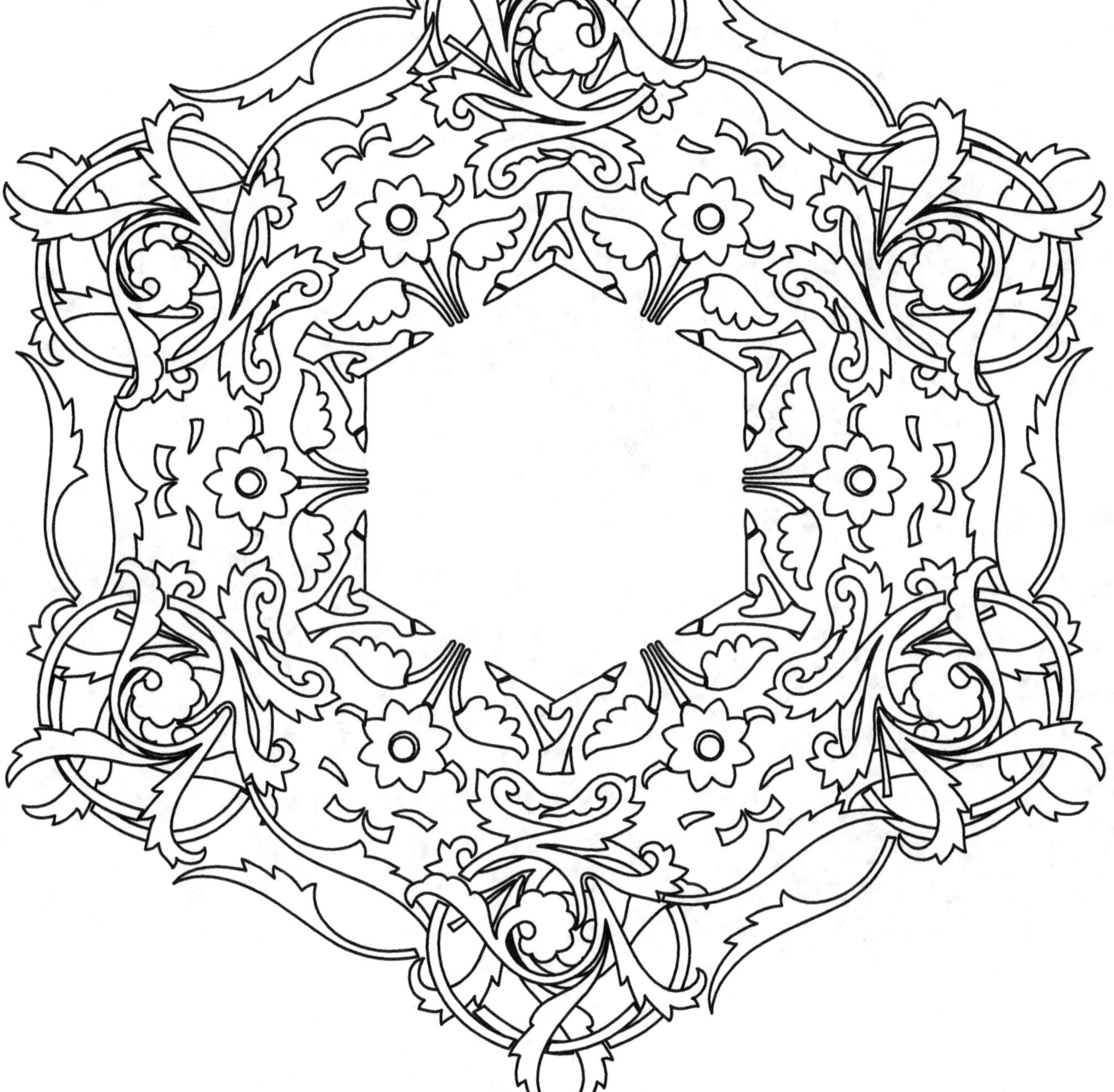

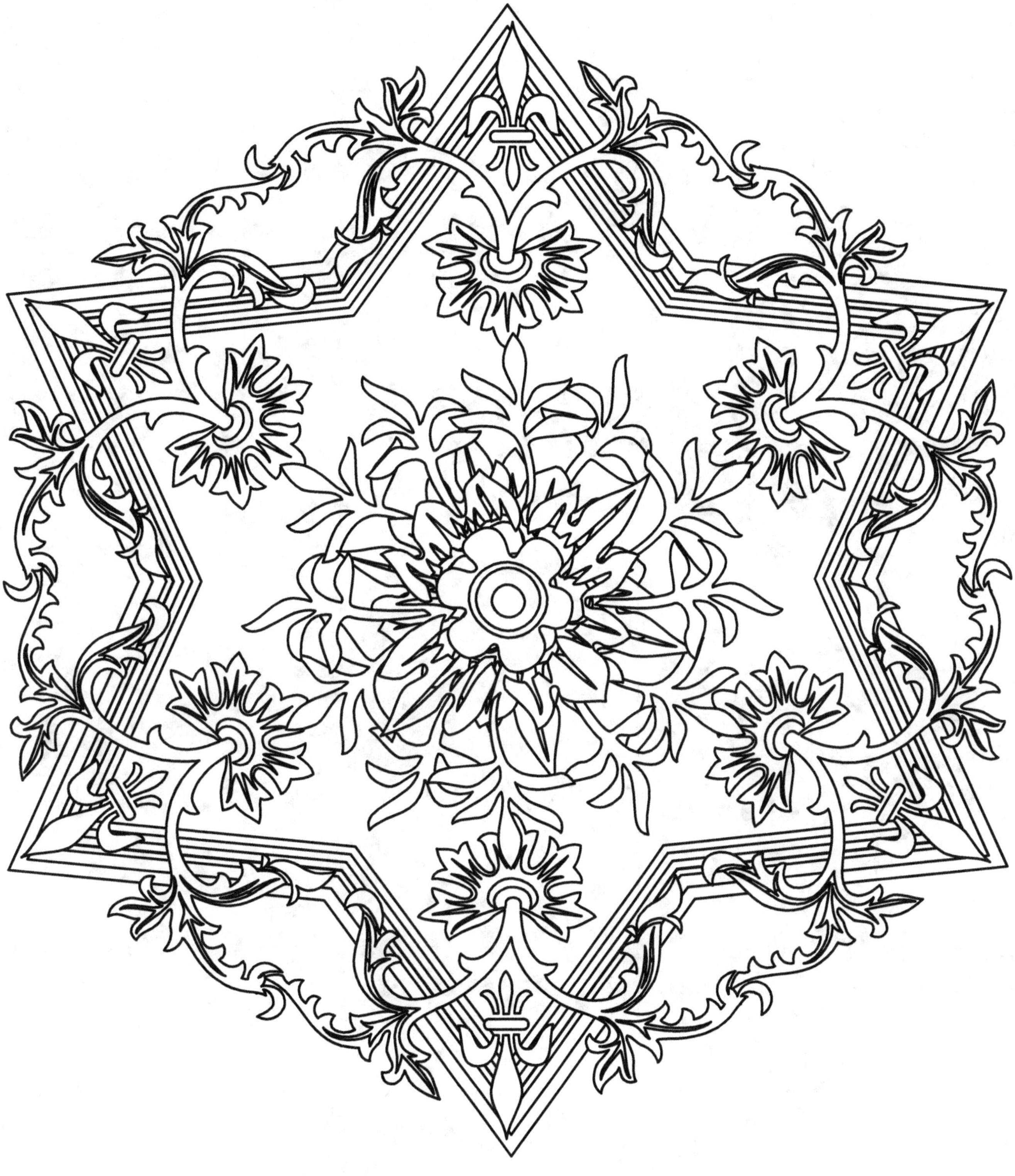

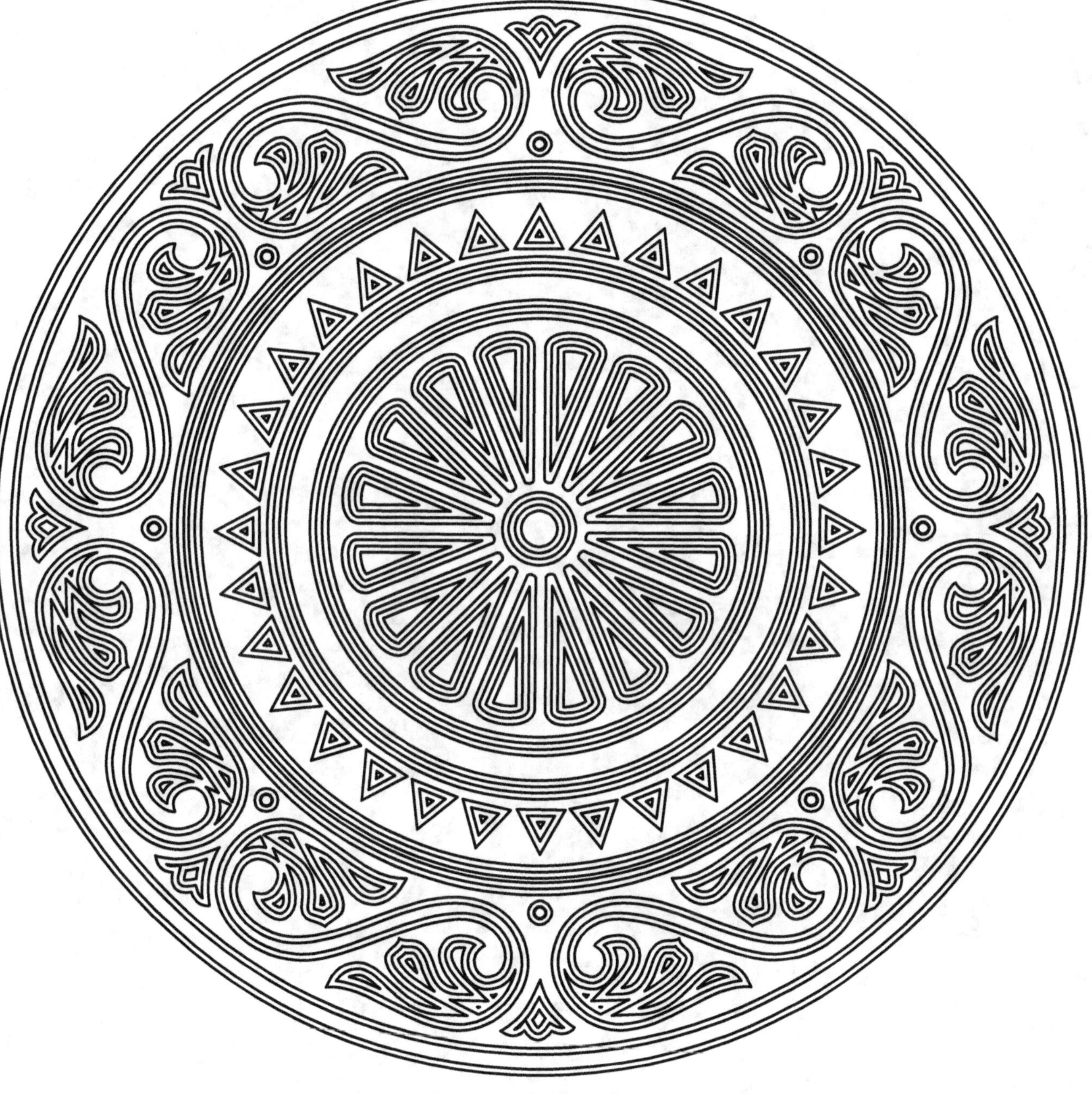

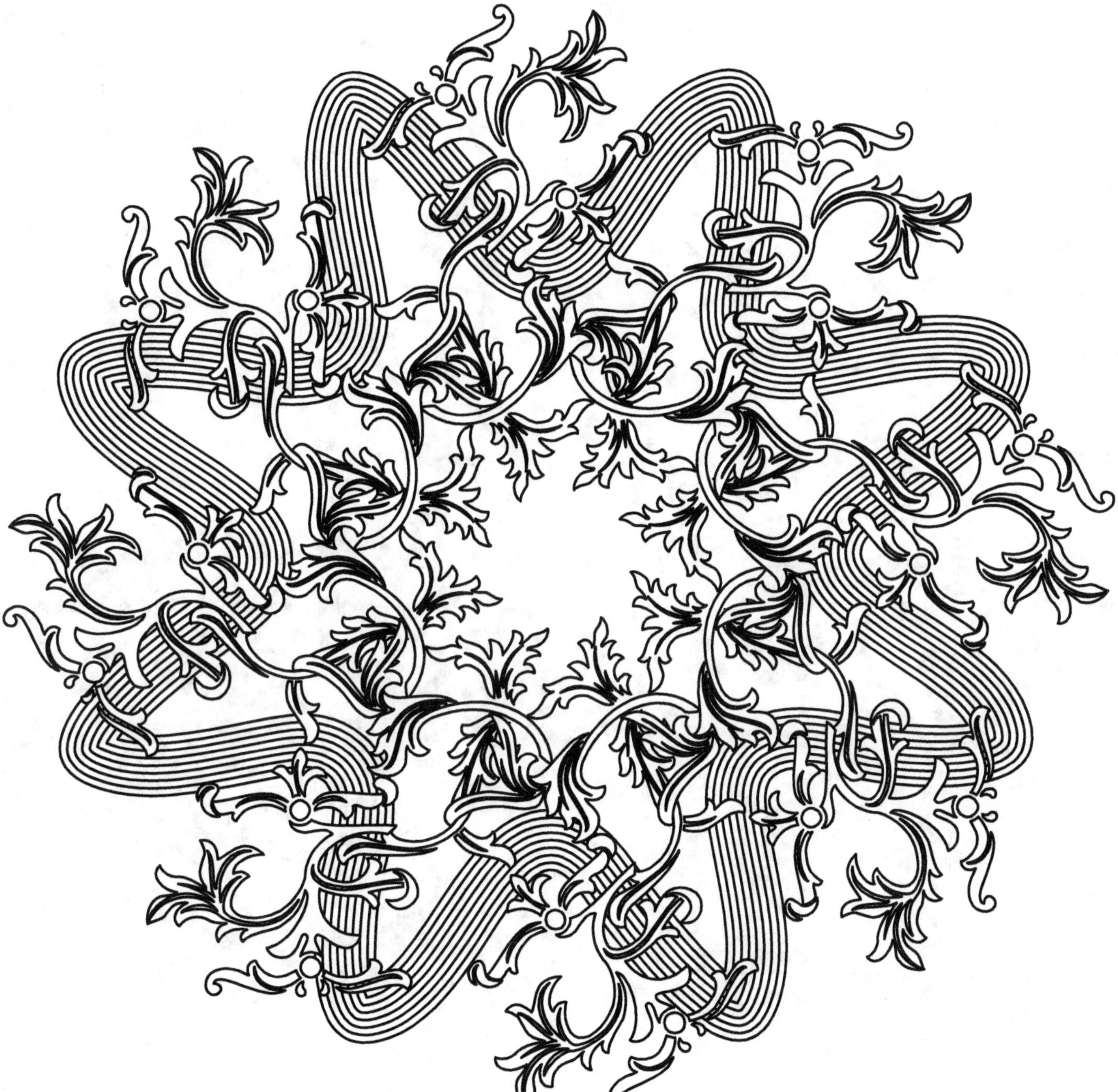

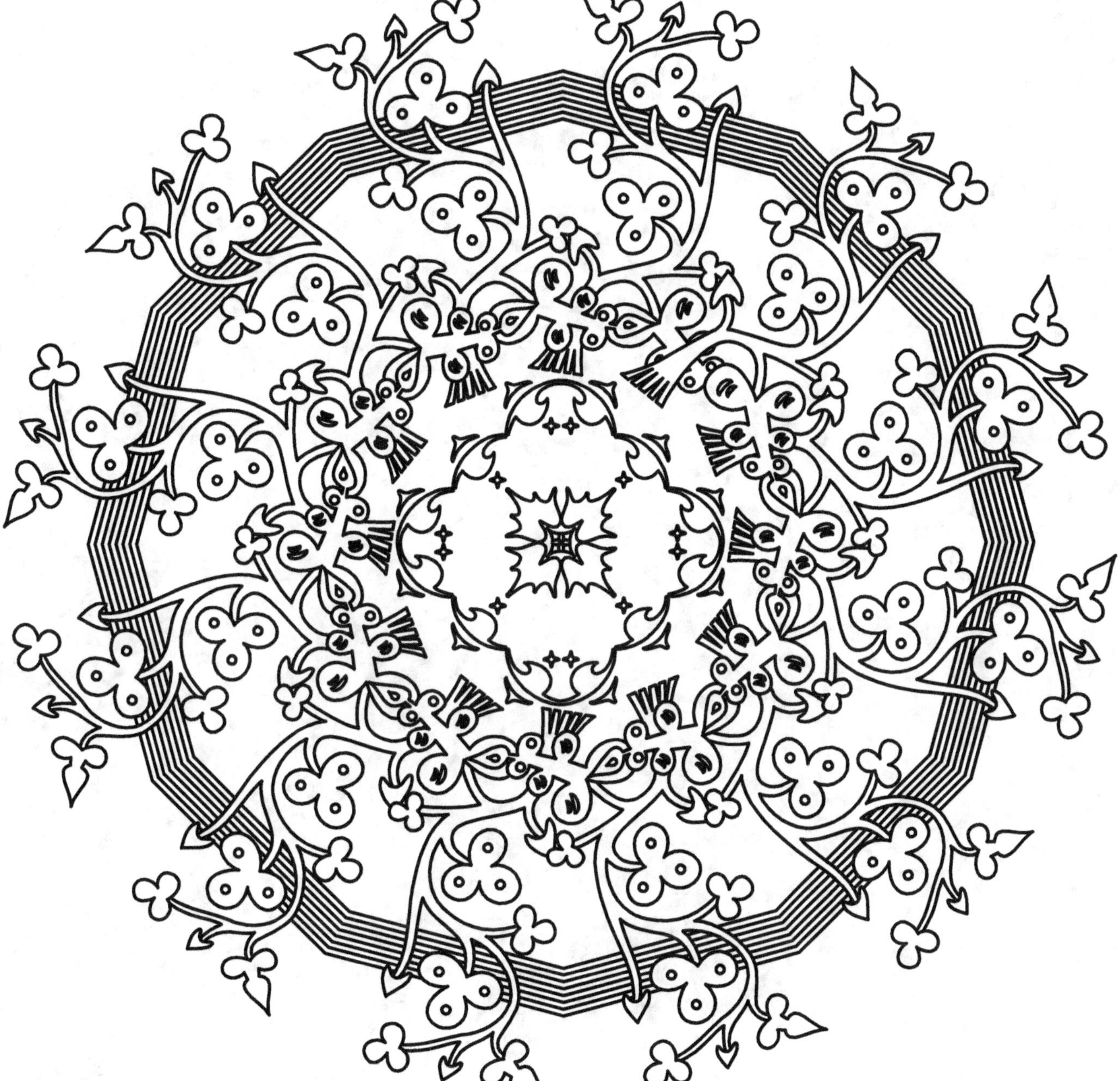

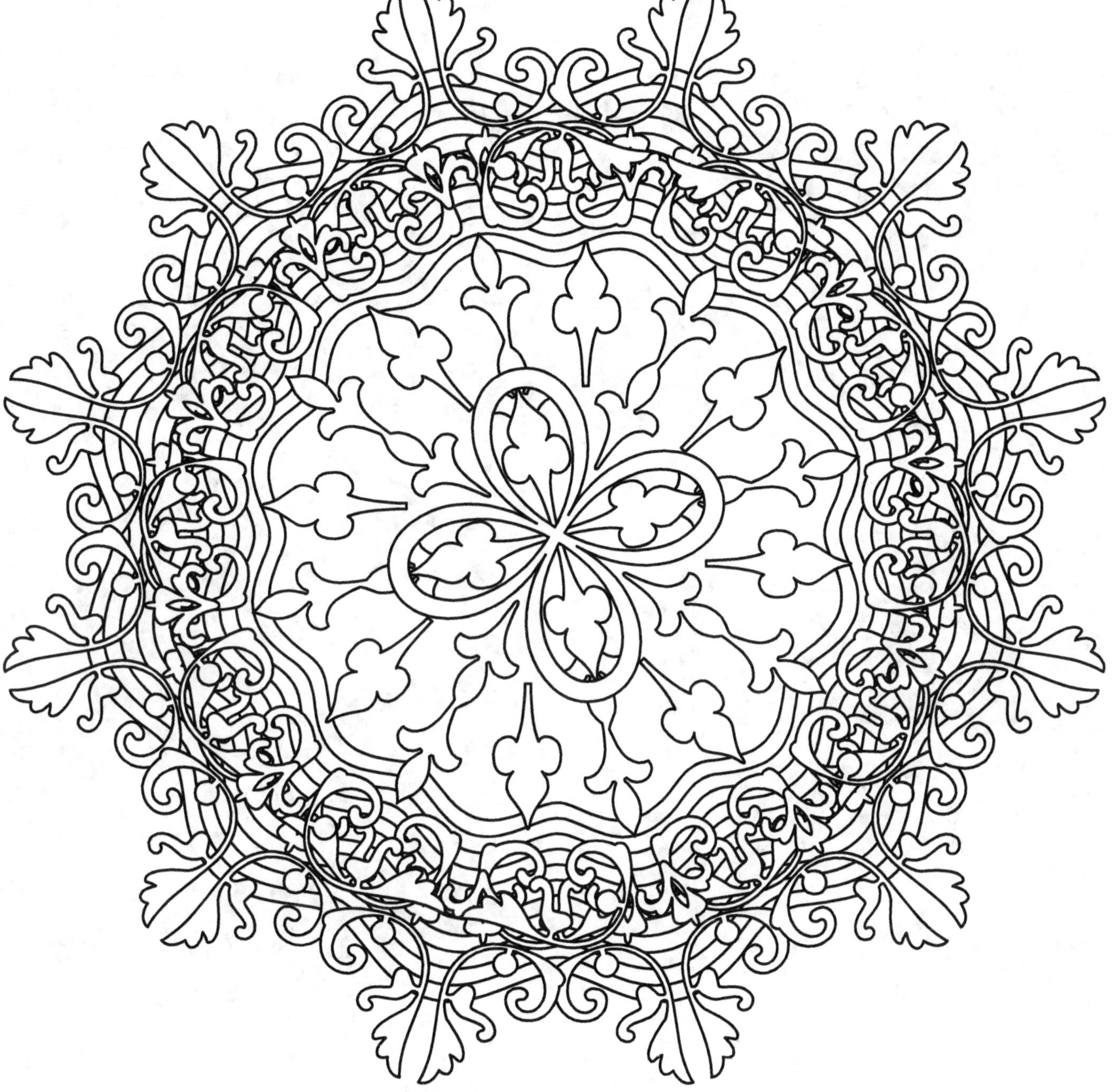

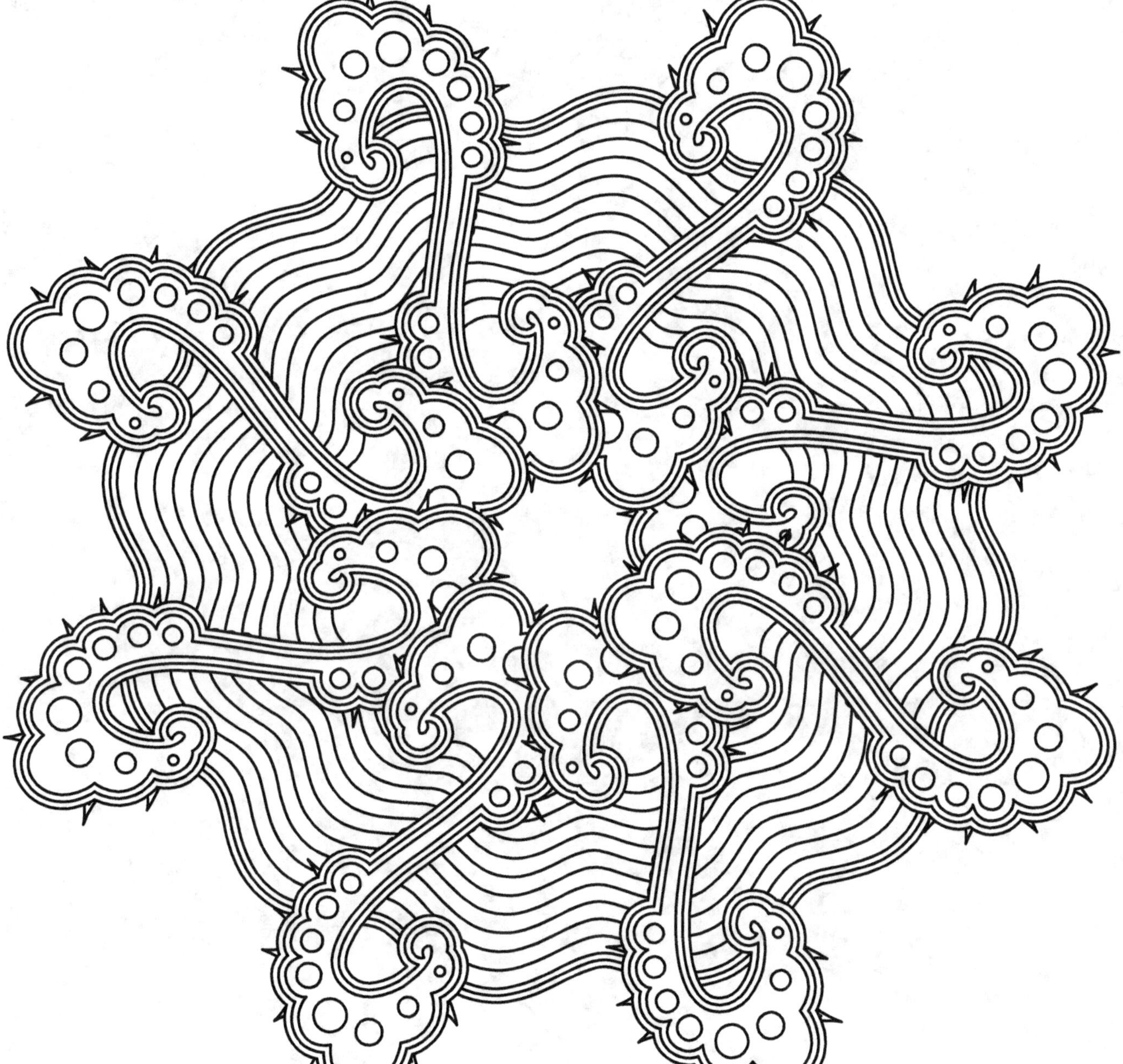

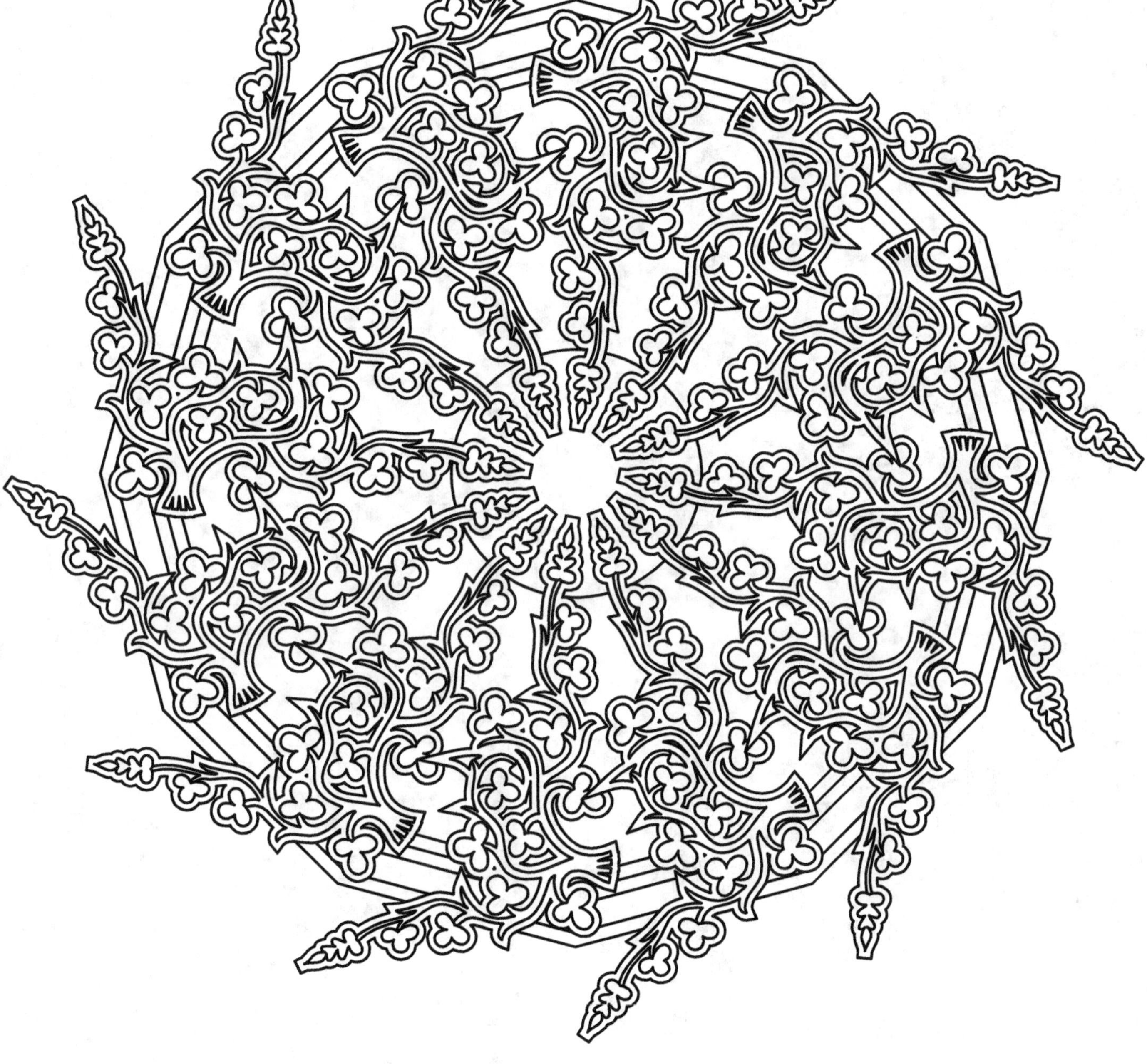

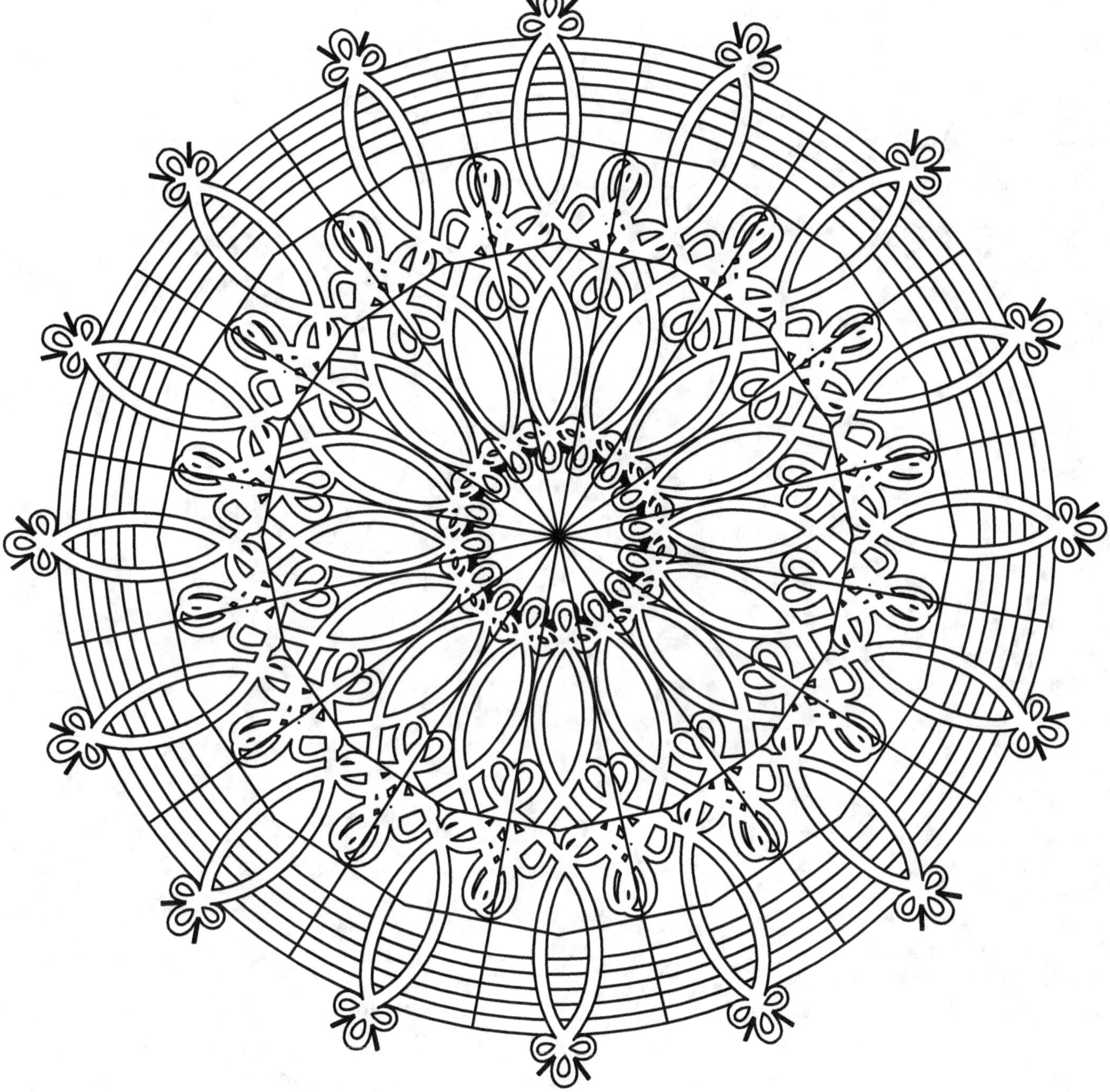

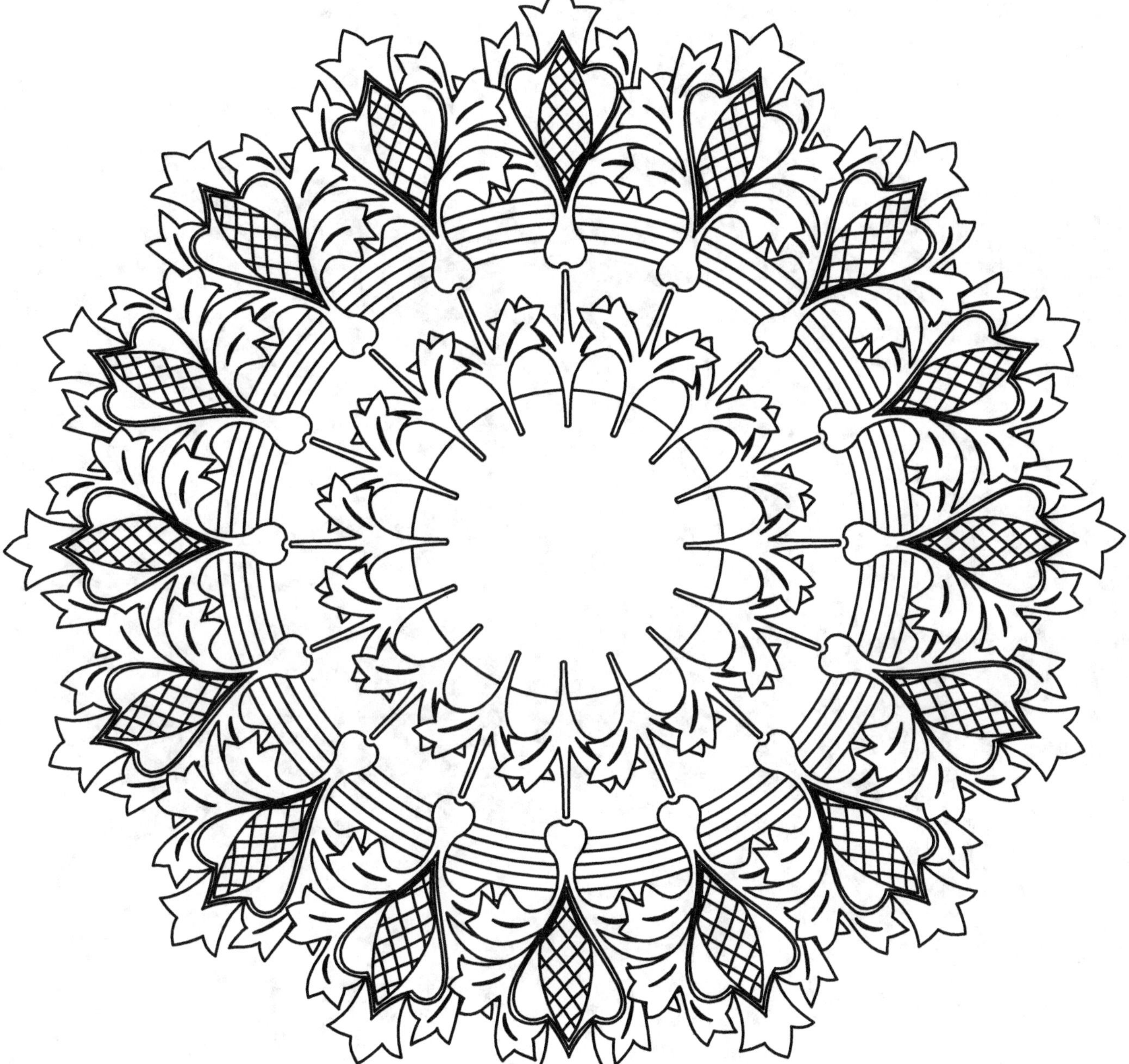

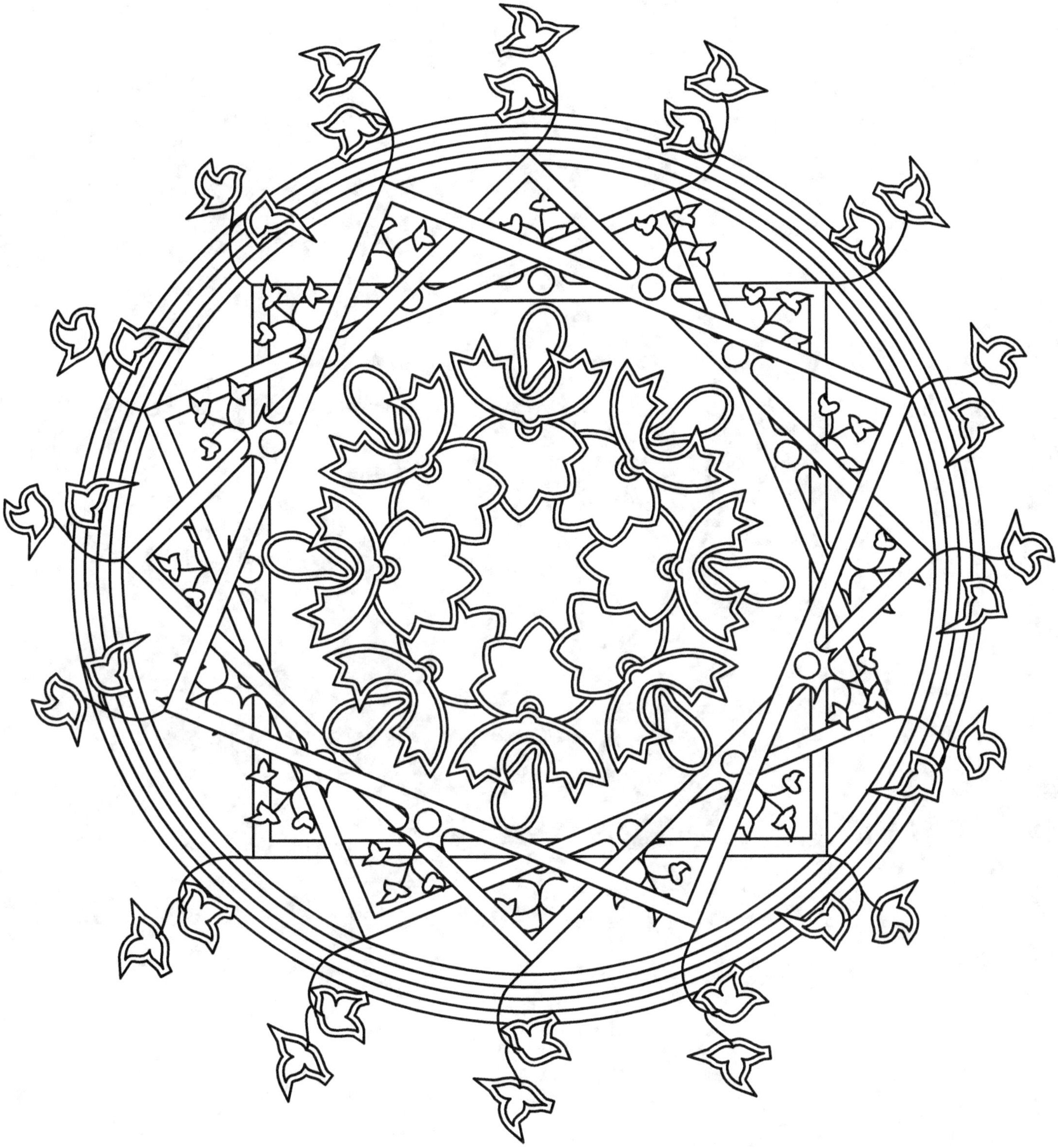

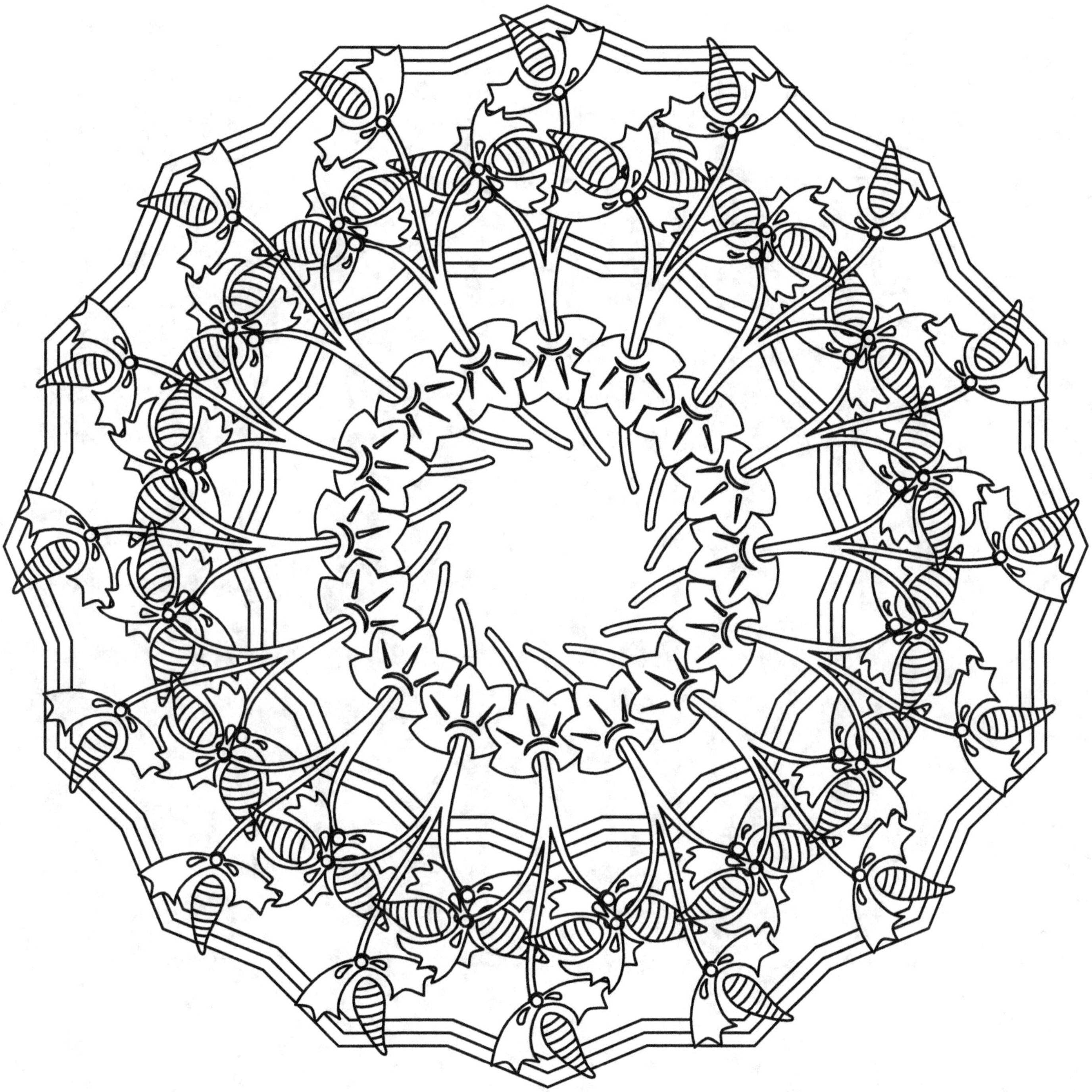

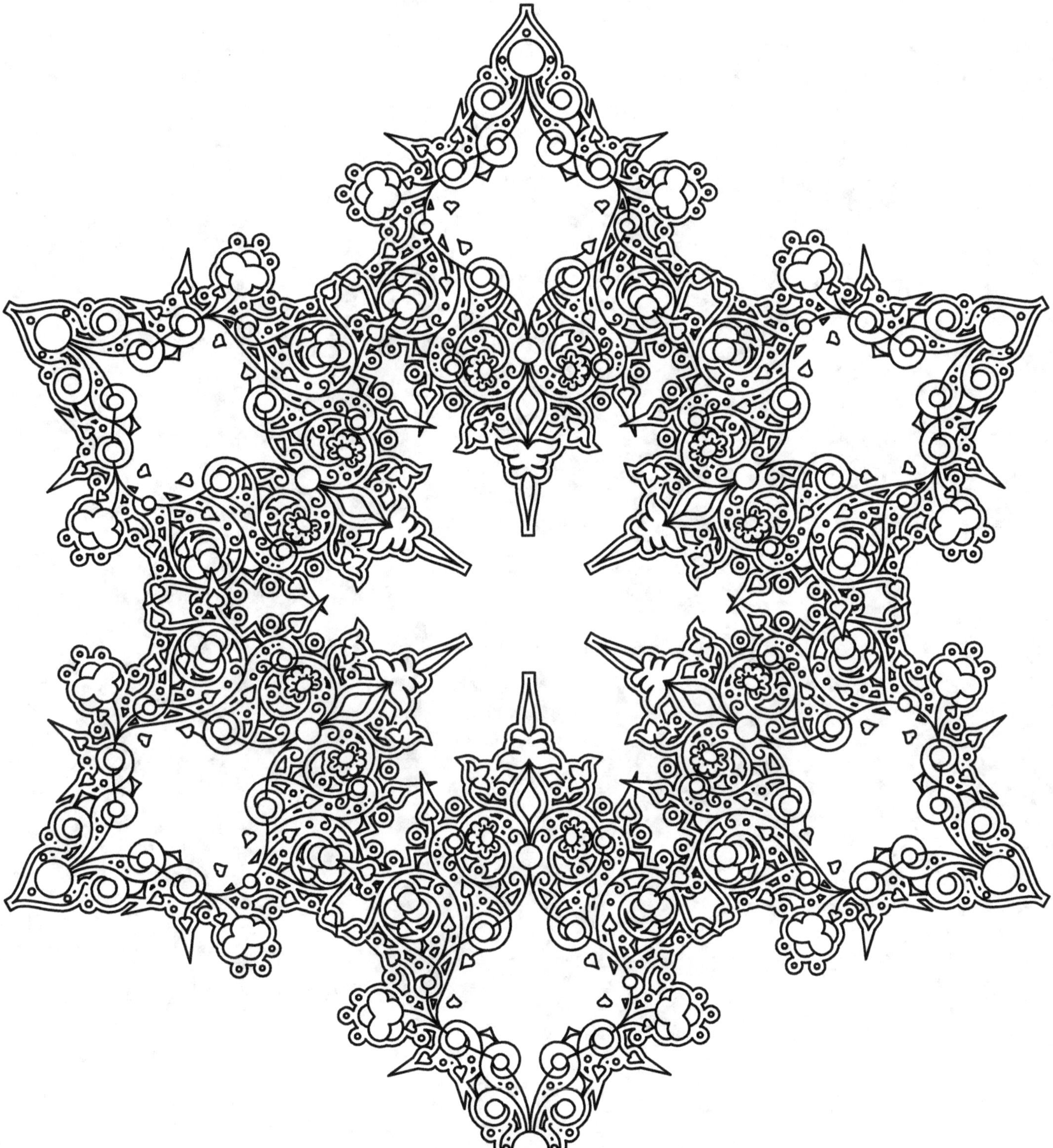

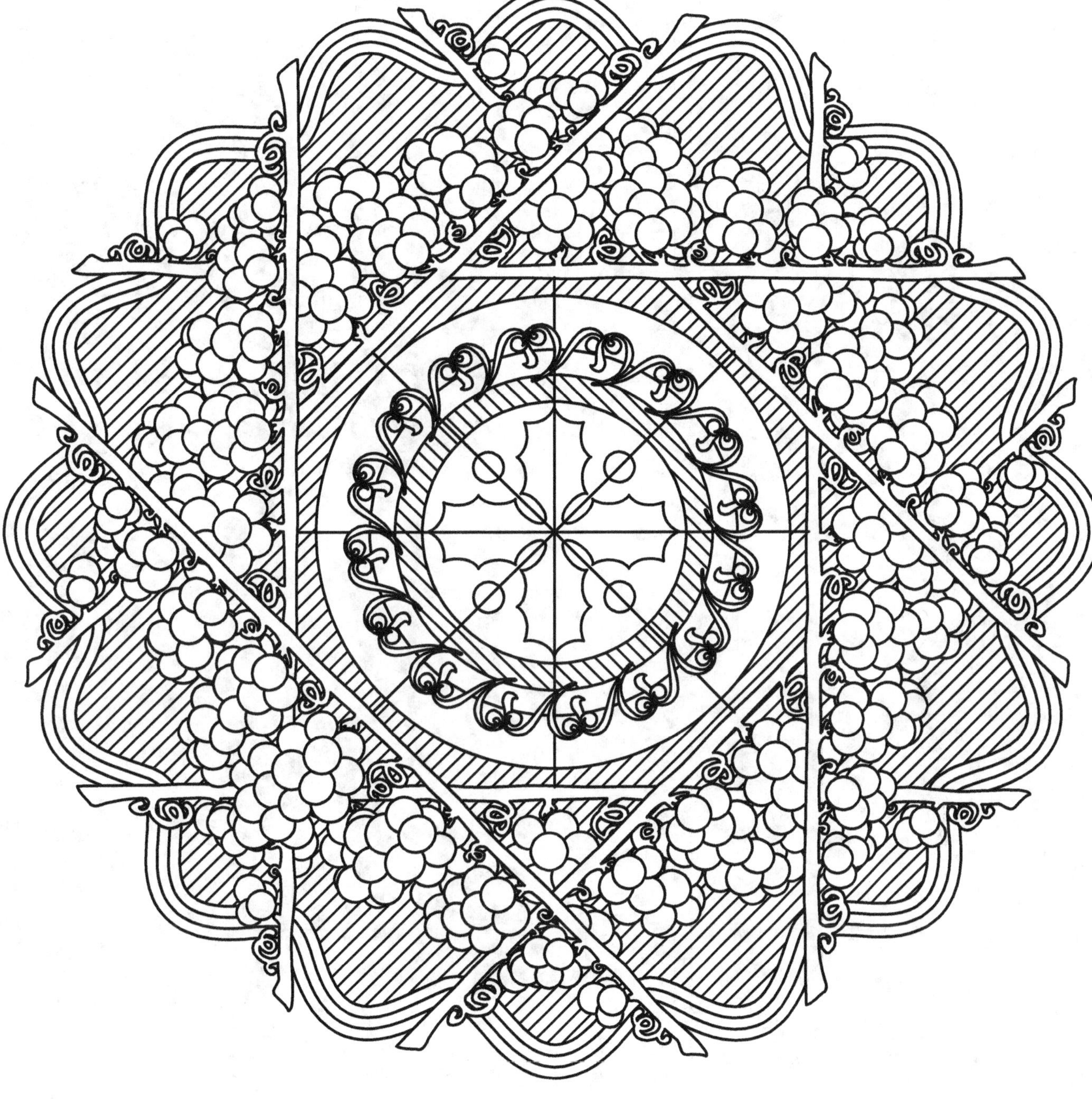

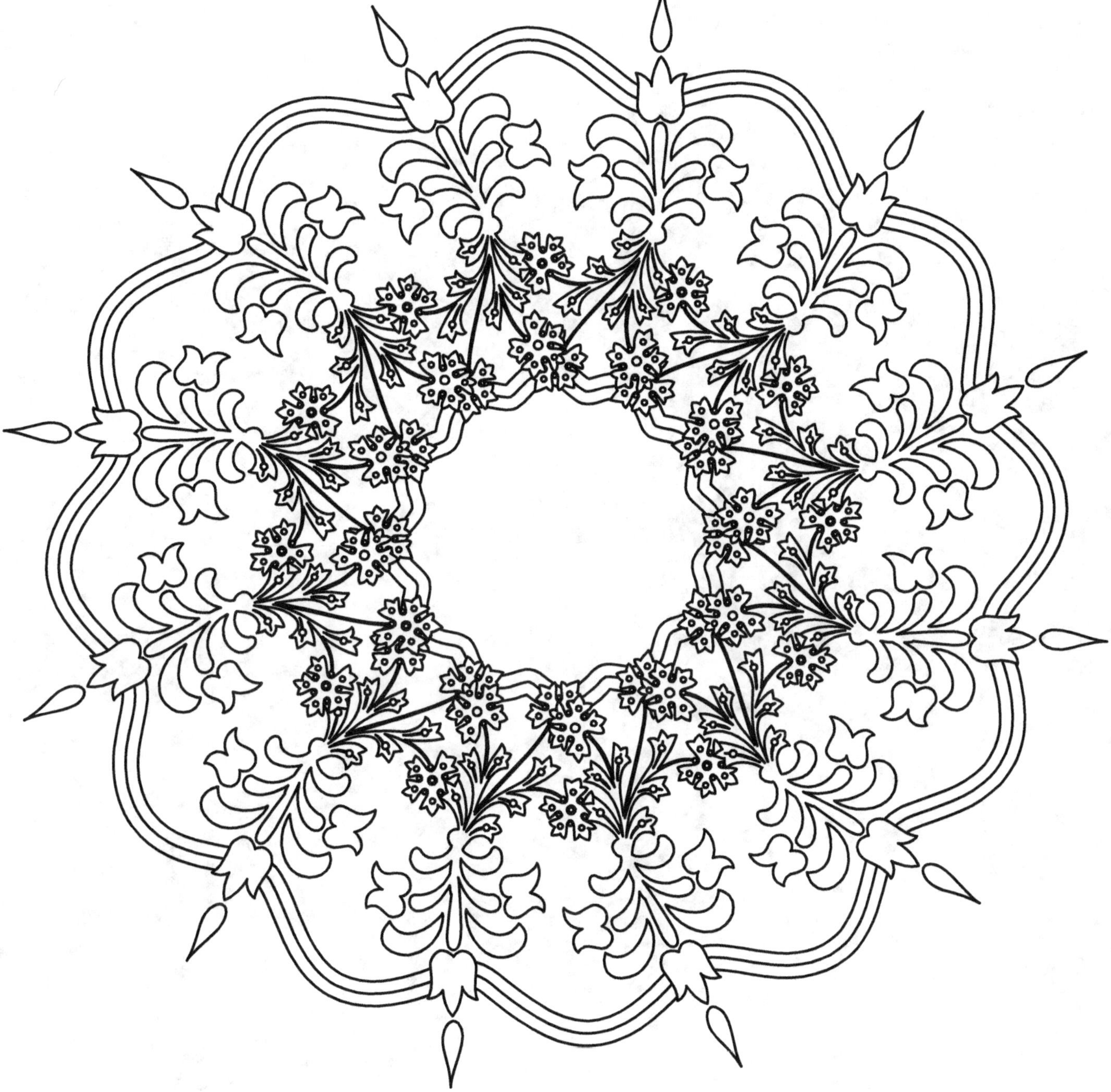

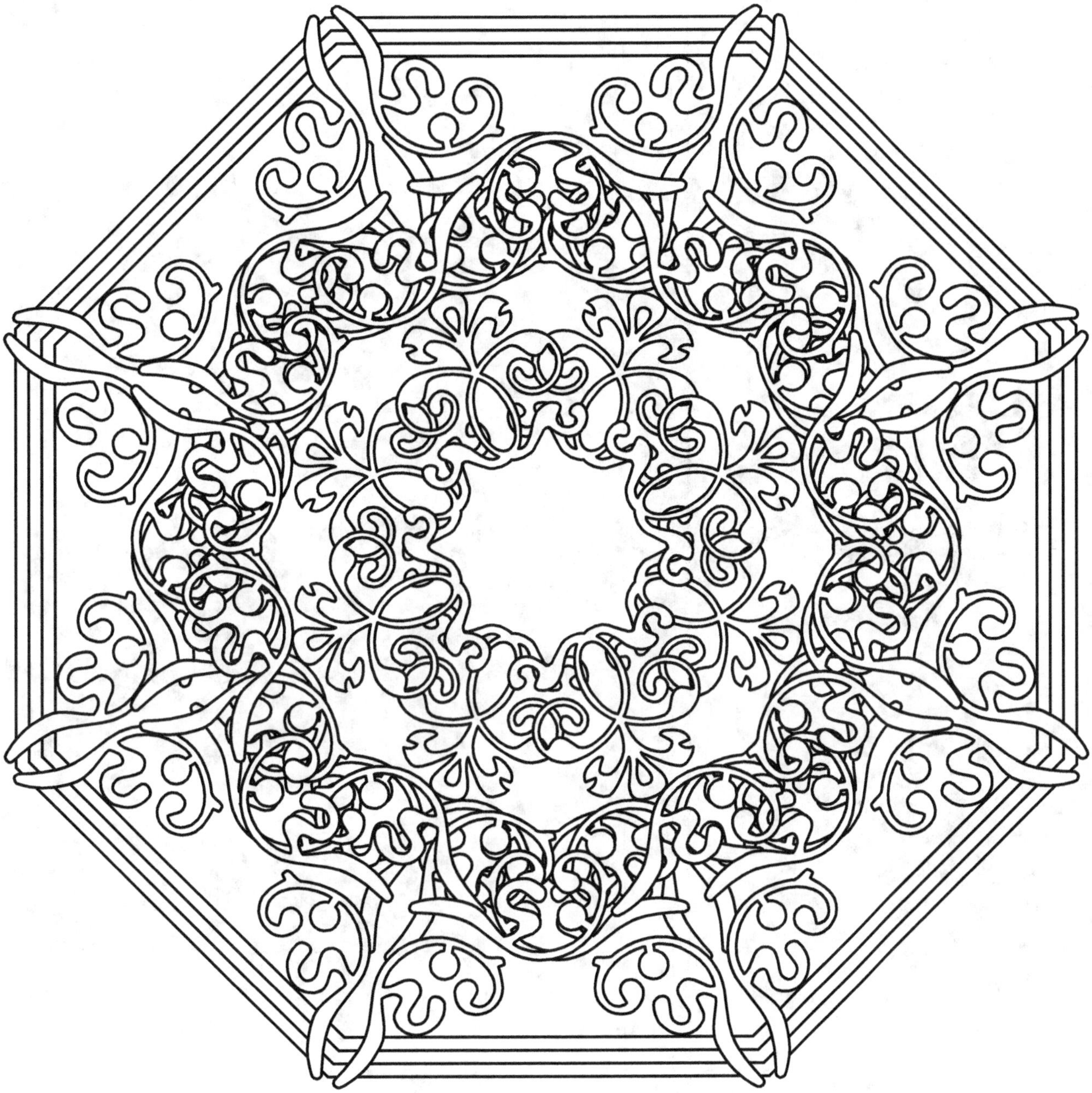

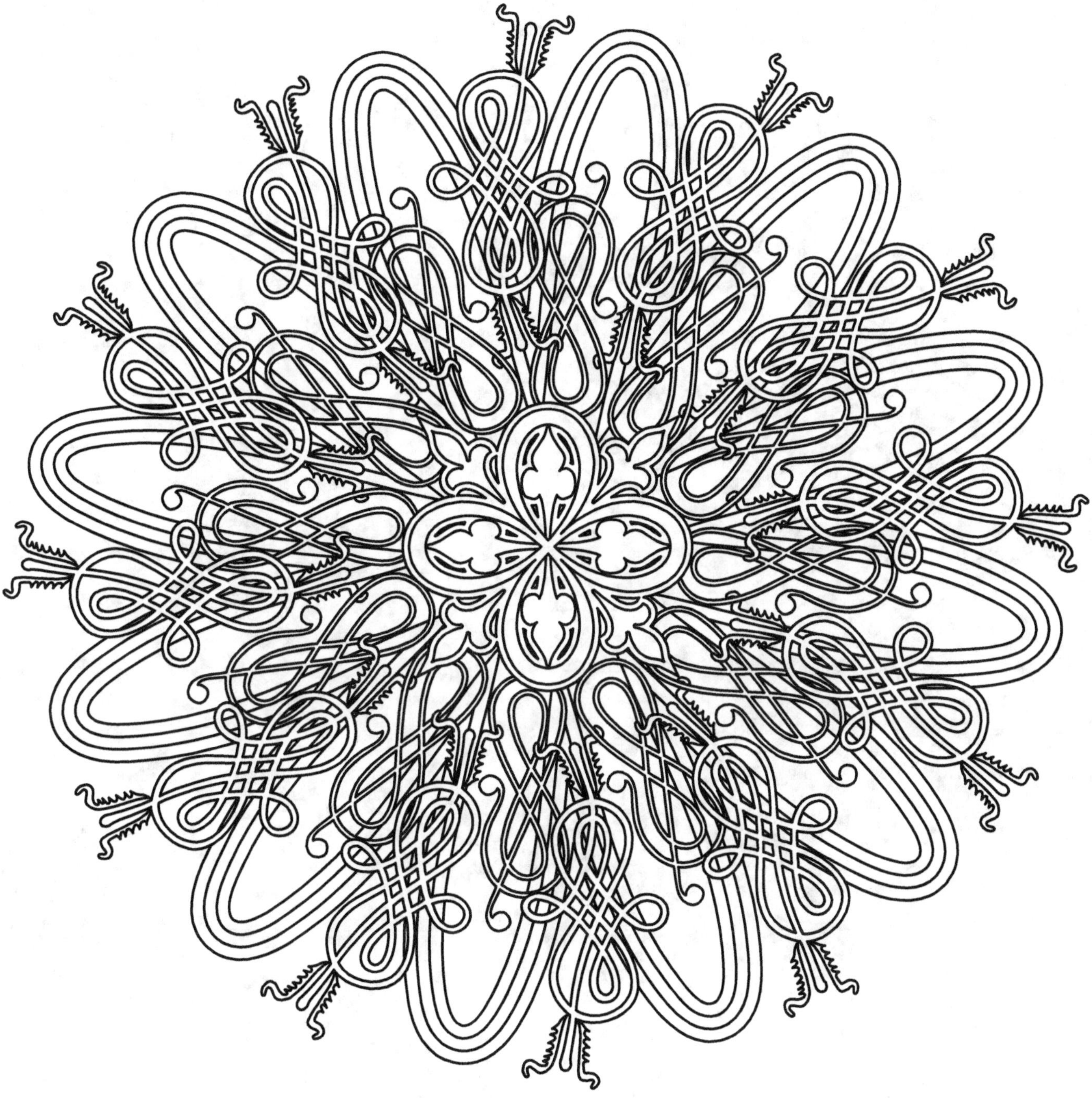

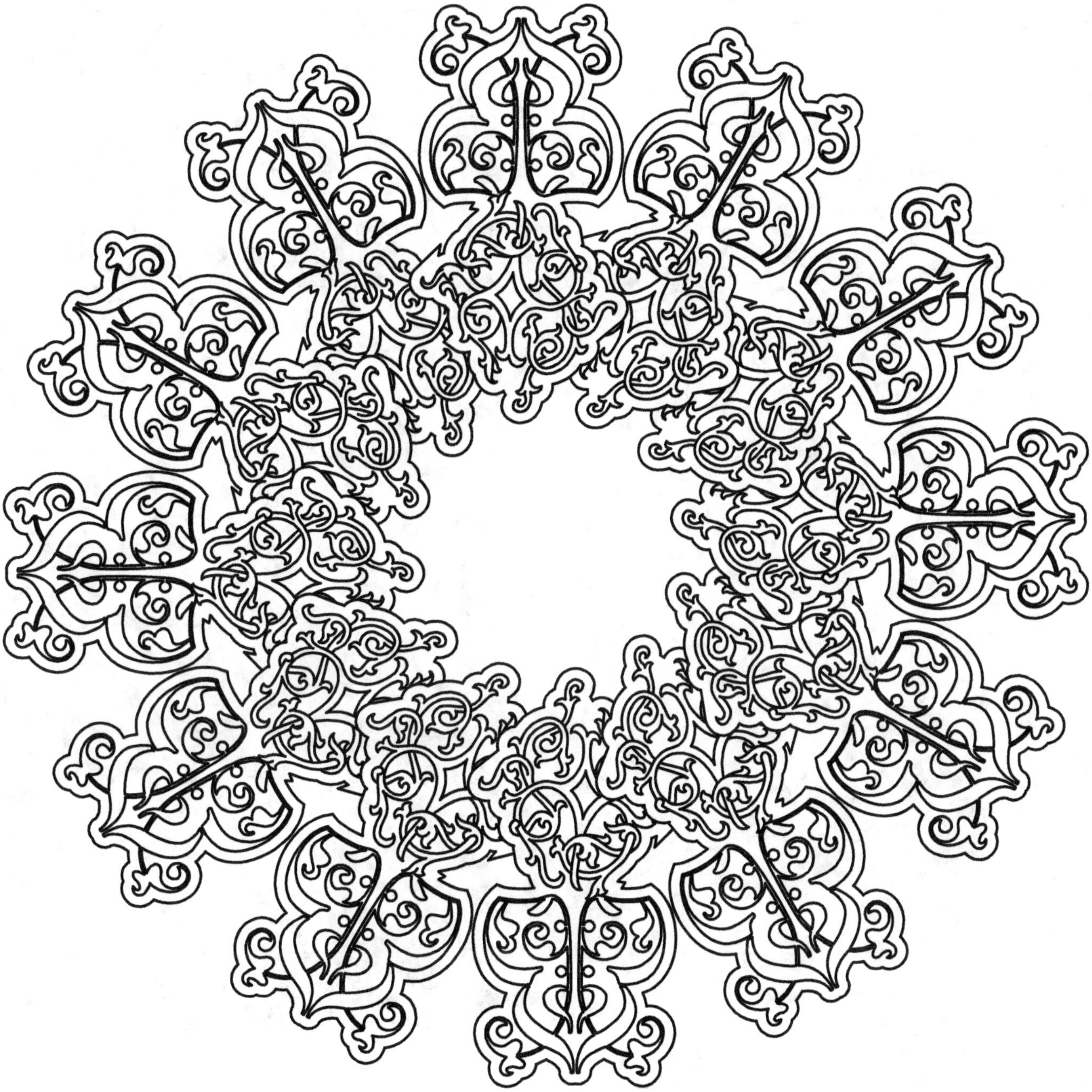

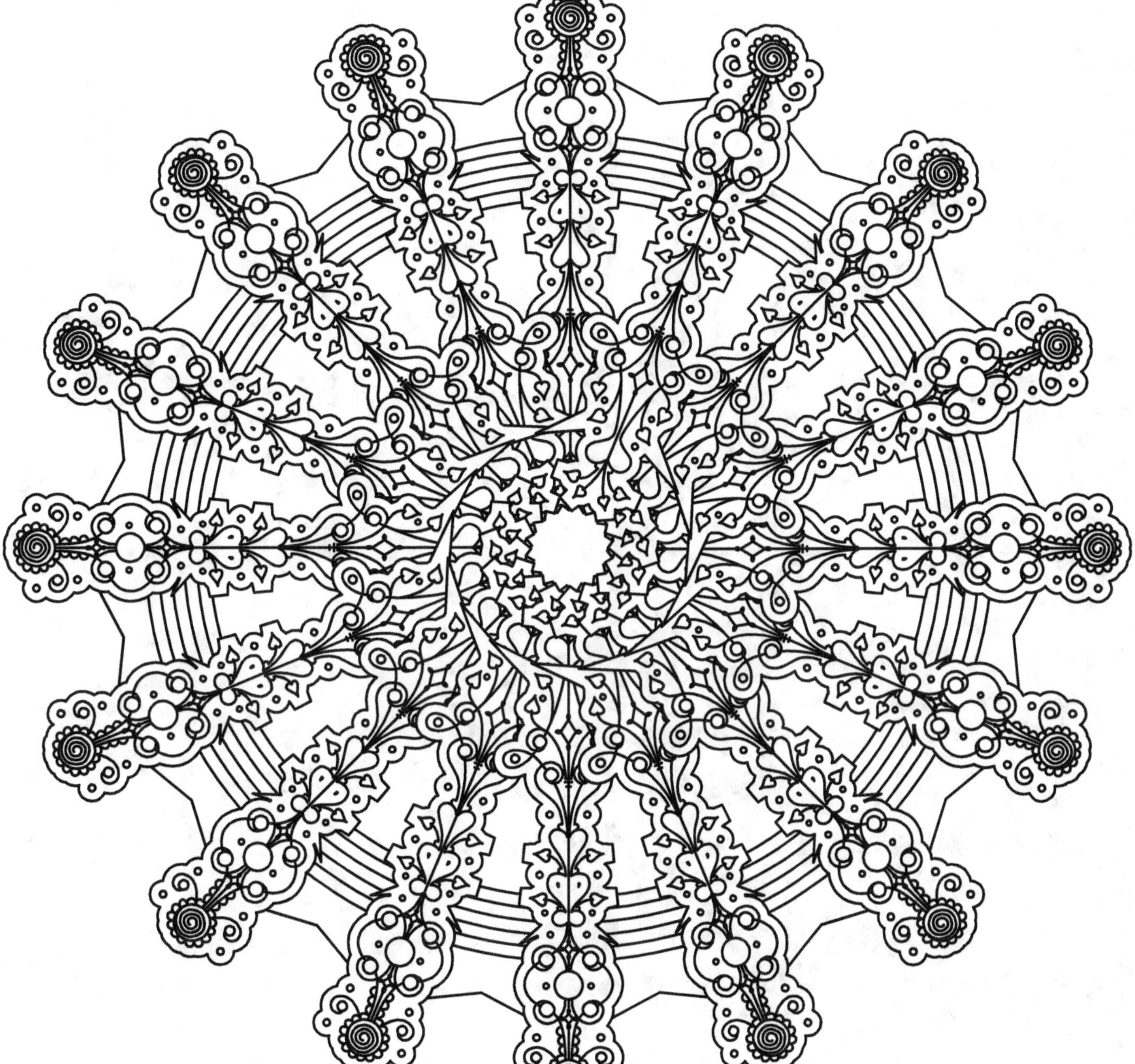

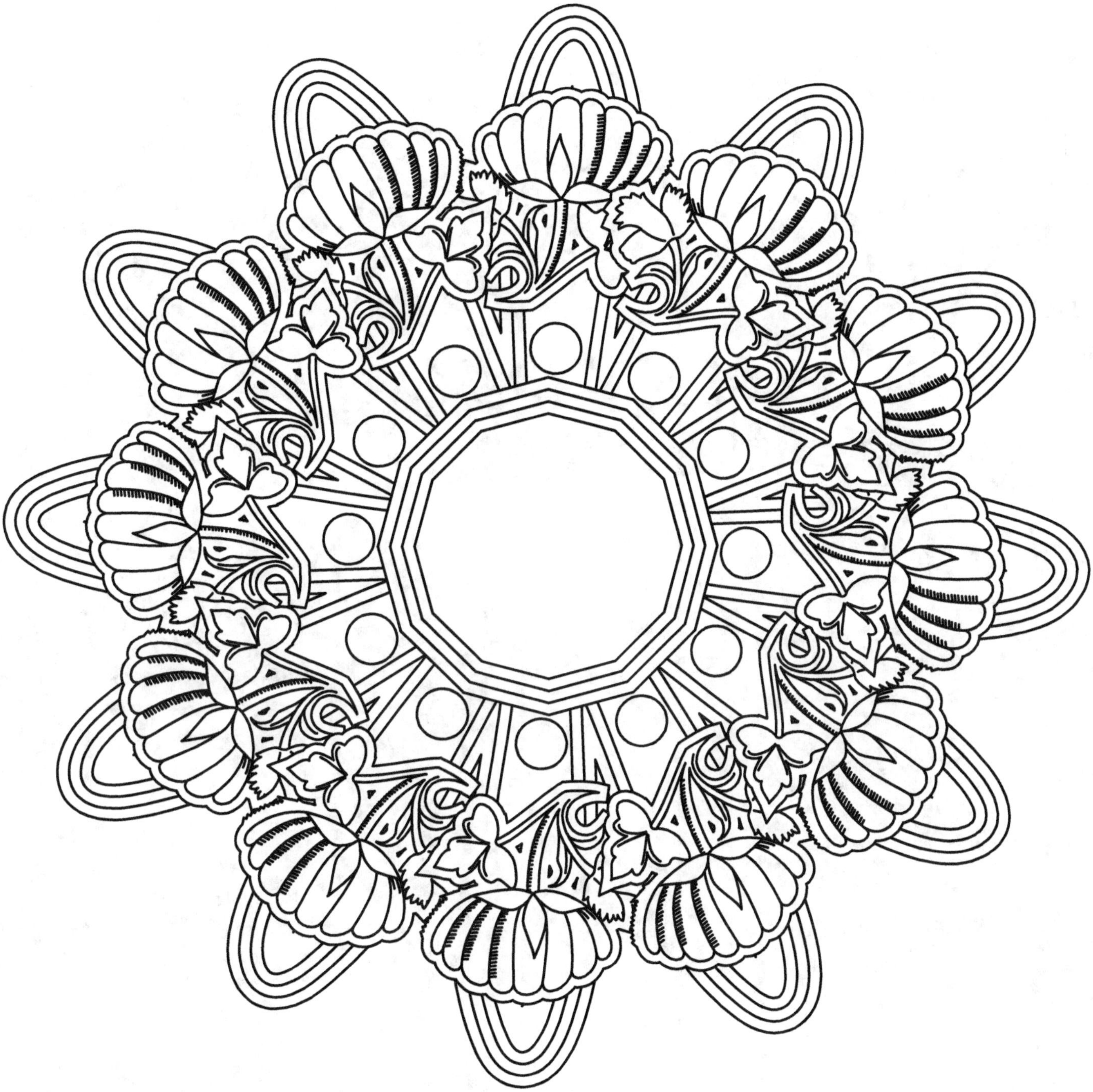

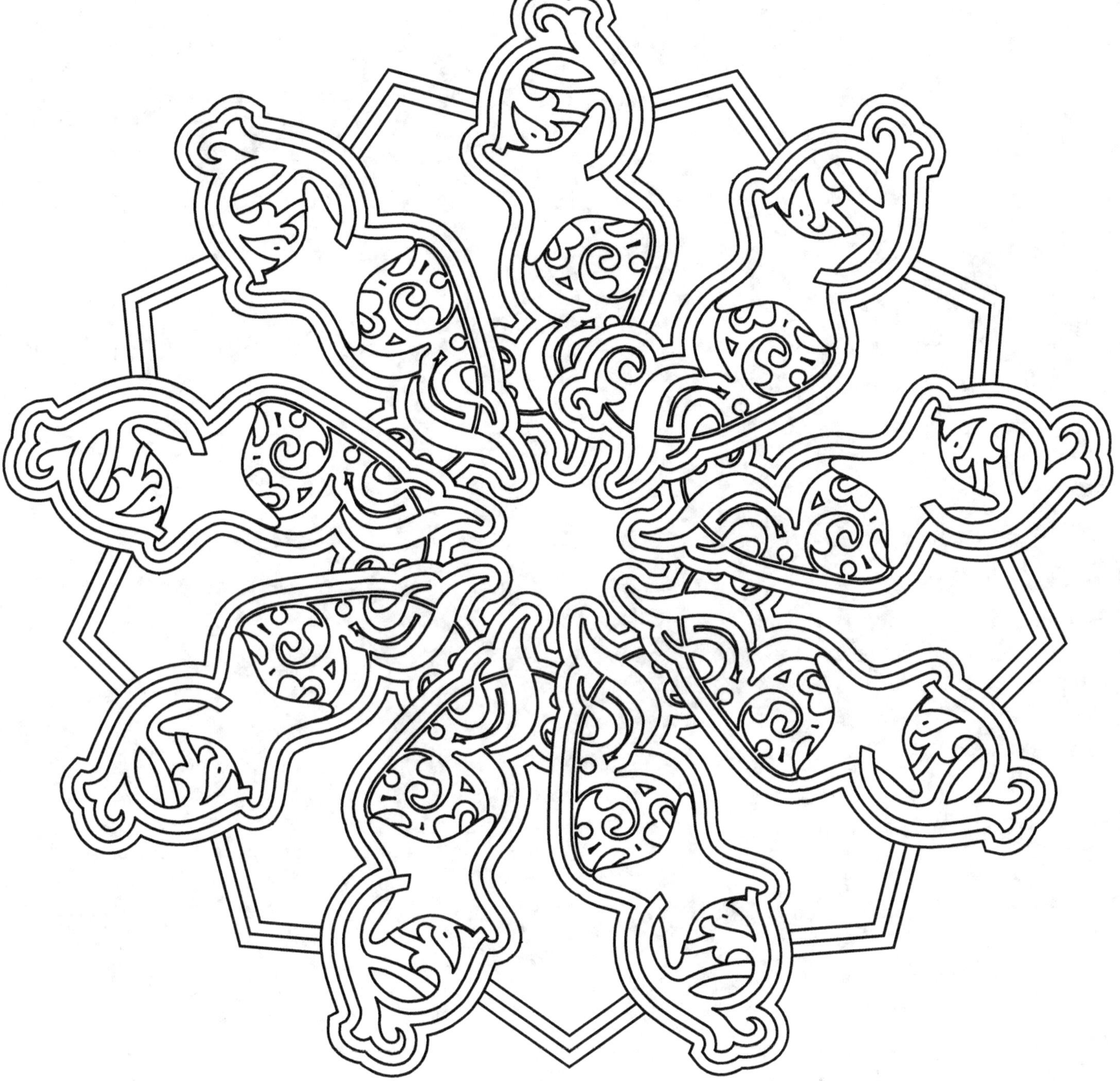

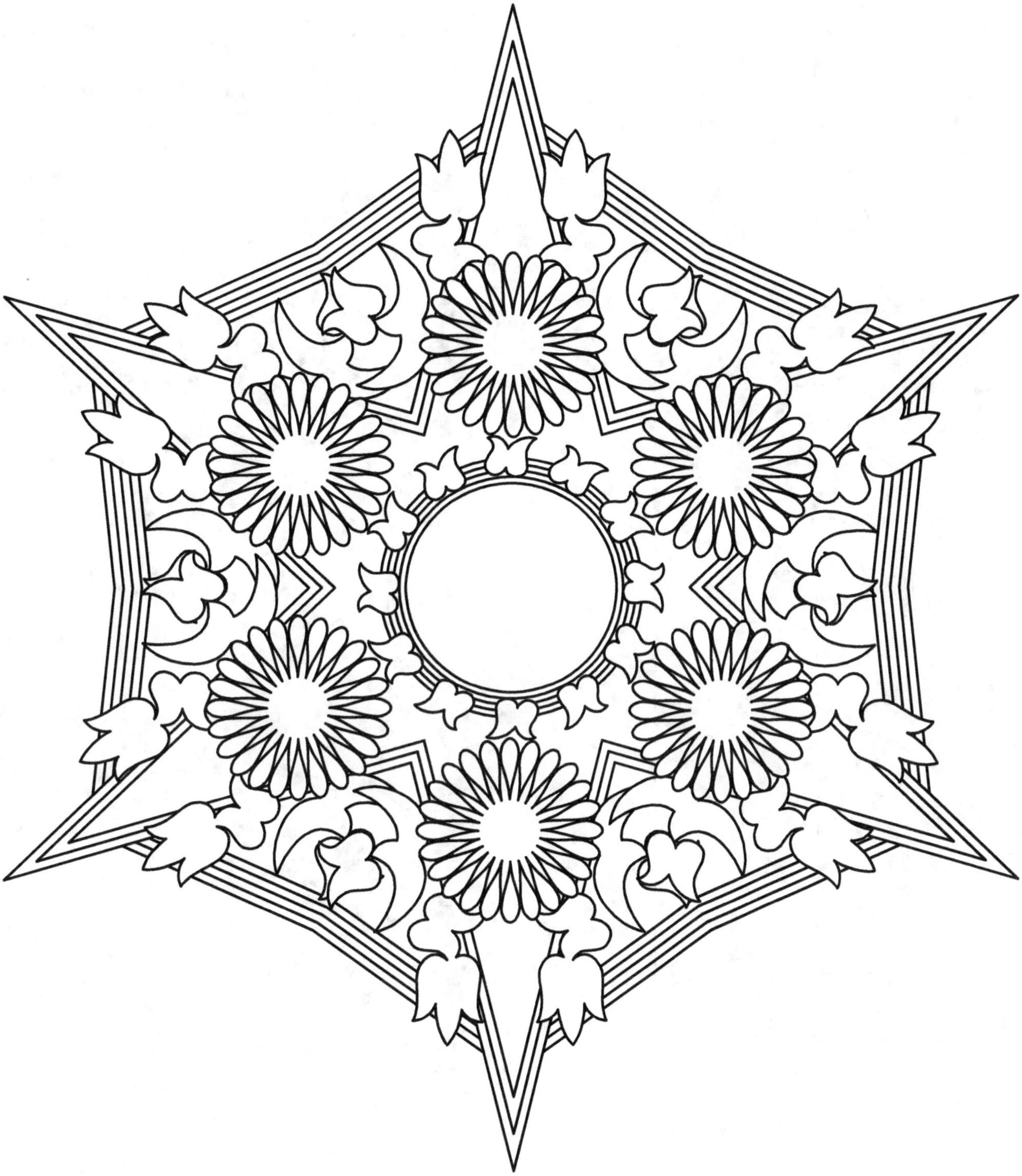

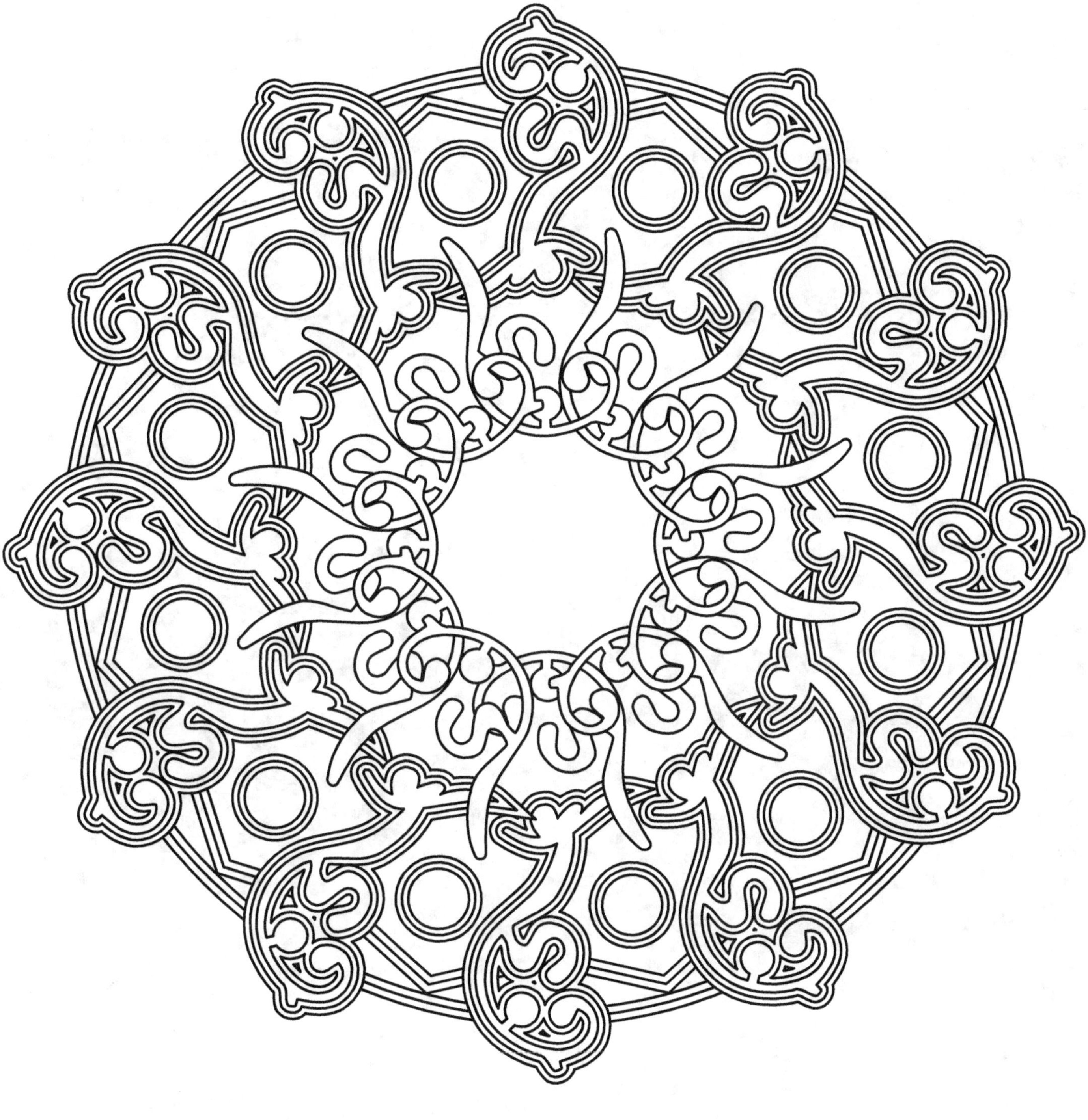

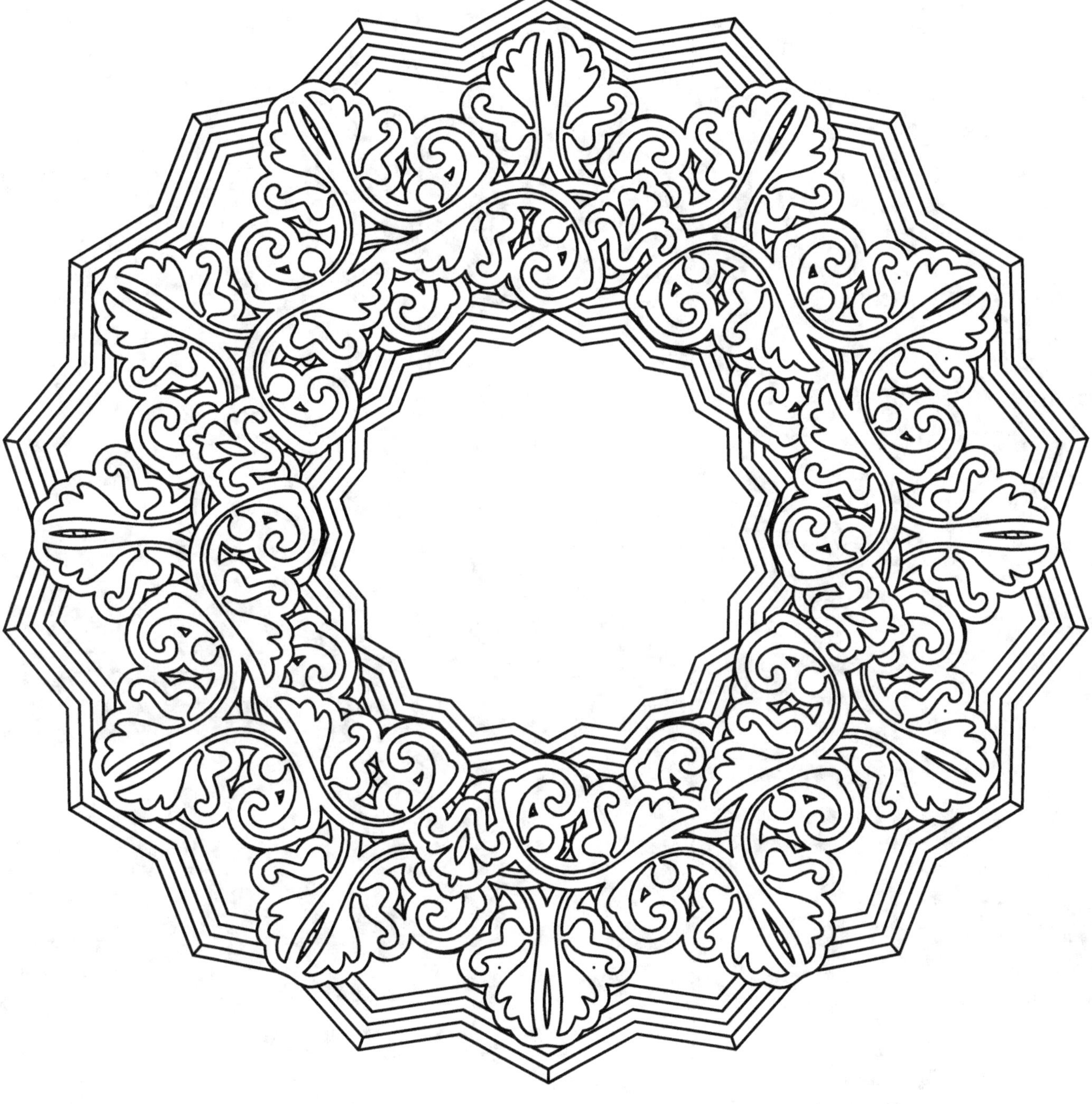

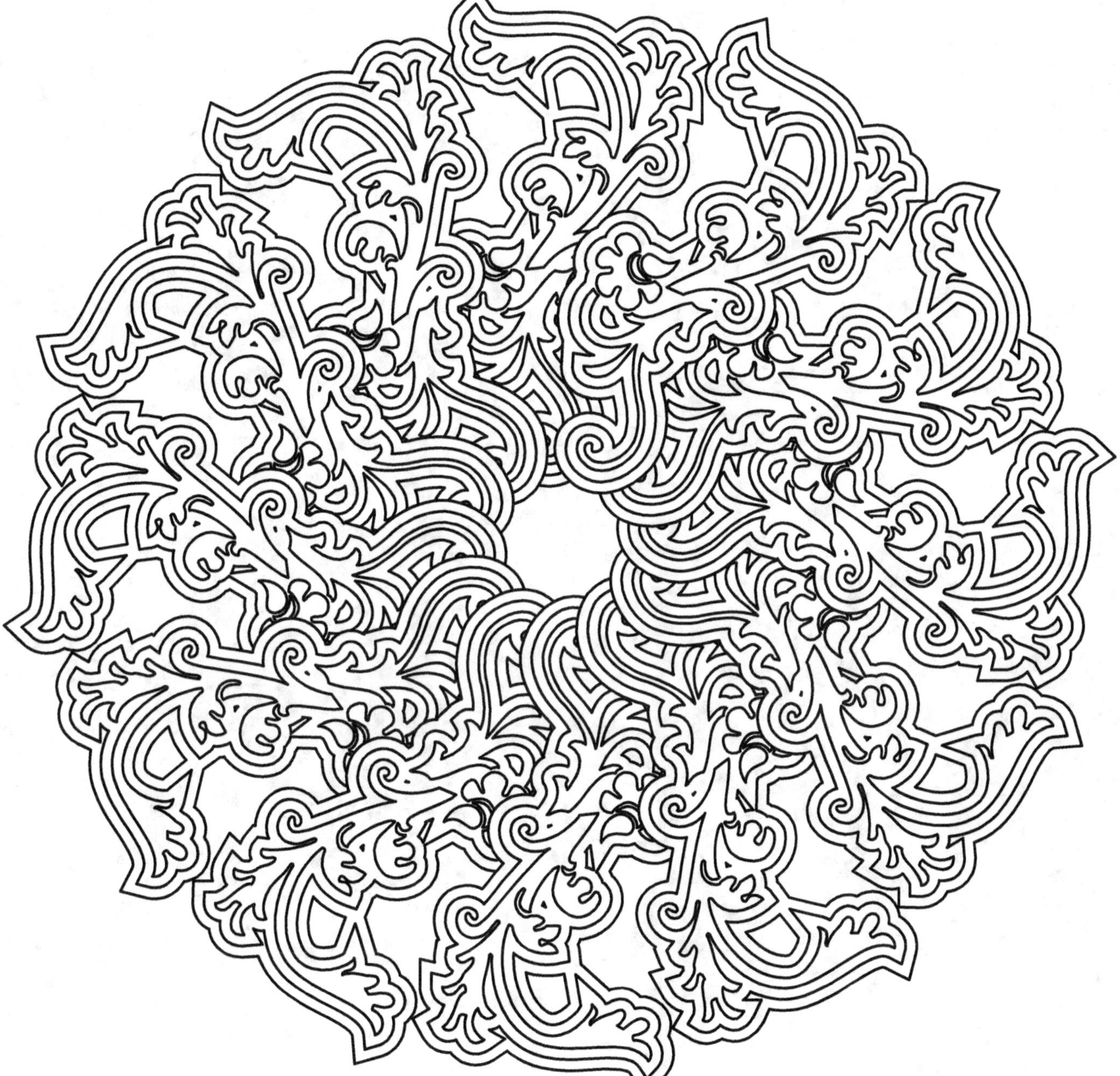

www.ingramcontent.com/pod-product-compliance
Lightning Source LLC
Chambersburg PA
CBHW060010210526
45170CB00017B/2146
9781542640725